고바우의
유식한 잡학

고바우의 유식한 잡학 왜?

초판 | 1쇄 발행일 2013년 06월 11일
저자 | 김성환
발행인 | 김수현
발행처 | 도서출판 아라
주소 | 서울시 강동구 천호동 287-10 일진빌딩 2층
전화 | 02) 476-5060
팩스 | 02) 489-5689
등록 | 2012년 09월 13일 제2012-52호
이메일 | ara5060@naver.com
홈페이지 | www.ara5060.com
표지 · 편집디자인 | 공유空有

ISBN | 978-89-98502-28-7 (07800)
정가 | 13,000원

잘못 만들어진 책은 교환해 드립니다.

이 도서의 국립중앙도서관 출판시도서목록(CIP)은 서지정보유통지원시스템 홈페이지(http://seoji.nl.go.kr)와 국가자료공동목록시스템(http://nl.go.kr/kolisnet)에서 이용하실 수 있습니다.(CIP제어번호: CIP2013007878)

고바우의
유식한 잡학 왜?

머리말

 평소에 무심히 봐 넘기는 물건이나 일에 대해 급자기 궁금증이 날 때가 있다.
 '어째서?', '왜?'라고 주위 사람들에게 물어봐도 대개는 '글쎄요?'라고 고새를 갸웃하기만 한다. 사전에도 없고 거기에 해당하는 전문가를 알아내거나 물어보기는 더욱 어렵다. 한문의 경우도 어머니의 모母자엔 왜 두 개의 점点이 있나라고 하면 얼른 대답이 안 나온다. 이건 여성의 여女자 속엔 유방이 두 개 있다는 뜻으로 점을 두 개 찍은 것이다. 또 '역사란 인간이 만들고 만들어진 것'이므로 어떤 일을 했나? 알려면 사료史料나 문헌을 봐야 하는데 거기엔 대부분 왕이나 영웅, 장군, 수상 등 지배층에 대해서만 남아 있다. 수 천 년이라는 방대한 세월 속에서 극히 일부의 인물만 거론돼 있다. 그러나 어떤 인물이 역사에 남길 활동을 한 배경엔 그걸 이루게끔 한 계층과 민중이 있음을 잊어선 안 된다. 이렇게 사건의 배경에 알려지지 않은 사건이나 사람에 대한 기록은 매우 중요하다. 또 '인류의 역사란 전쟁의 역사'로 보는 시각도 있다. 그 전쟁엔 어떤 인물이 어떤 무기의 전술로 이기고 졌으며 어떤 행운이 뒤따랐나? 하는 것도 되짚고 넘어가고자 했다.

이 책을 쓰는 데 약 3백 권의 책과 전문서적을 참고하고 인용했다.

 1990년대부터 2000년 초 사이의 참고문헌이어서 최근의 사정과는 숫자상 약간의 차이가 있거나 달라진 규정도 있을수 있다. 앞으로 가필加筆, 수정, 재편집의 필요성을 느낄 때도 있을 것 같다. 상식적인 선에서 이 책을 읽어봐 넘겨주기를 바란다.

김성환

차례

제1장 생활상식

세면대 밑의 파이프는 왜 S자형? _ 23
블루진의 색은 왜 푸른가? _ 24
왜 생선 머리는 왼쪽으로 누이나 _ 25
통조림은 나폴레옹이 만들었다? _ 26
세계에서 가장 긴 강은 어디일까? _ 28
파리의 에펠탑은 여름철에 15센티미터나 높아진다? _ 29
남극과 북극 중 어느 쪽이 더 추운가? _ 30
수염의 목적, 수염세도 _ 31
한국인의 주식은 조粟? _ 32
애인의 초상화를 넣어두는 것이 애초 반지의 용도? _ 33
세계에서 가장 많은 성姓은? _ 34
밤엔 키가 작아지나? _ 35
수염은 낮에 자란다? _ 36
인체에서 가장 더러운 곳은? _ 37
에스컬레이터를 탈 때 브랜디를 마셨다? _ 38
가장 유익했던 책이 예금통장? _ 39
최초의 야채 · 최초의 조미료 _ 40
열차 · 여객기 · 배의 출발시간 _ 42
인력거 발명 _ 43
감귤과 밤의 역사 _ 44
맹독猛毒 랭킹 1위가 황금개구리? _ 45

상형문자 _ 46
말 _ 47
만두 _ 48
바나나의 씨 _ 49
기이한 이름 _ 50
공중욕탕 전성기와 몰락 _ 51
럭비공은 왜 타원형인가? _ 52
코르크 마개를 쓰는 와인 _ 53
왜 남성을 뜻하는 데 '한(漢)'을 쓰나? _ 54
세계 최고가 우표는? _ 55
여성 불참, 알몸으로 뛴 올림픽 _ 56
골프공엔 왜 구멍이 많은가 _ 57
차(茶)만 마시고 하루에 천 킬로미터를 달렸다? _ 58
달리기는 왼쪽으로 돌아야 _ 60
번지점프 _ 61
파리의 손·발 비벼대기 _ 62
경기 중의 사망 1위가 골프? _ 63

제2장 어원과 유래

증기기관차가 지하철로 달려 _ 67
화이트하우스의 명칭 유래 _ 68
여객선 출항 때의 오색 테이프는 아이디어 상품? _ 69
이발소의 적·청·백색 표시 _ 70
팁의 어원은 목욕탕에서 _ 71
배 크기는 왜 '톤'으로 부르나 _ 72
'캐터필러'의 발명 _ 73
담배의 어원 _ 74
샌드위치 백작 이야기 _ 75
진이 CHINA가 돼 _ 76
잉글랜드의 어원은 어디서? _ 77
히로뽕의 유래 _ 78
'노벨상' 탄생의 비밀 _ 79
미국 금융 중심가 월가의 명칭은? _ 80
진수식 때 샴페인은 왜 터뜨리나 _ 81
피라미드는 이집트 말이 아니었다 _ 82
캘린더의 어원은 빚 장부? _ 83
유니버시티대학의 어원 _ 84
일본이란 국명의 유래는? _ 86
조장의 유래 _ 87
신身, 노老, 질疾, 란卵, 도島의 뜻 _ 88

설렁탕의 어원 _ 89
서커스의 어원 _ 90
적십자기, 스위스 국기에서 본따 _ 91
쪽발이의 어원? _ 92
최초의 미인 콘테스트 _ 93
법정의 촬영금지 _ 94
색色은 여색女色에서? _ 95
샐러리맨의 어원은? _ 96
은행銀行과 금행金行 _ 97
스탄과 X마스 _ 98

제3장 유식有識한 잡학

브뤼셀 명물 '소변 보는 어린이' _ 101
살아 있는 인쇄기계 발자크 _ 102
코브라의 춤 _ 103
고대 만리장성은 흙덩이로 빚은 성 _ 104
캥거루 _ 105
미터우나상으로 메워진 사원 _ 106
'코알라'는 물을 마시지 않는다는 뜻? _ 108
터번의 종류 _ 109
입성入城은 천천히 _ 110
'대머리왕 루이 13세'가 가발 붐 일으켜 _ 111
경호원이 술집 간 사이 암살된 링컨 _ 112
총살 직전에 살아난 '문호' _ 113
만년 낙방생 두보 _ 114
넬슨 제독의 스캔들은 로맨스로? _ 116
파벌 싸움에 망한 페스탈로치 _ 118
날마다 명칭 바뀐 나폴레옹 _ 120
트로츠키의 비극 _ 122
중국 3대 악녀 여후 _ 124
11명의 처를 둔 마호메트 _ 125
과잉 경비로 목숨 잃은 스탈린 _ 126
전지 발명가 '볼타' _ 127

서유기 속의 마왕군상의 실체는? _ 128
〈알로하 오에〉는 여왕이 작시作詩 _ 130
국왕이 대지주? _ 130
'저는 당신의 아내', 여왕의 대답 _ 132
얼음을 신하에게 하사 _ 133
근친혼으로 이어져온 이집트 왕가 _ 134
양자를 동궁東宮으로 삼으려다 살해된 왕 _ 135
마왕 아라산다를 쳐부숴라 _ 136
아버지를 살해하고 왕이 돼 _ 137
탕롱형 _ 138
화갑華甲과 홍虹 _ 139
현대판 아라비안나이트 _ 140
스푼·포크는 각자 갖고 다녔다 _ 141
경상도는 백국白國? 전라도는 적국赤國? _ 142
유조선은 빈 채로 항해하나? _ 143
화살 한 개 탓, 유령도시가 돼 _ 144
옛 동경시는 비료제조공장? _ 145
주인이 네 번 바뀐 캘리포니아 _ 146
식물성 섭취국 _ 147
별이 지배하던 인도 _ 148
상대에게 기회를 주는 스컹크 _ 149

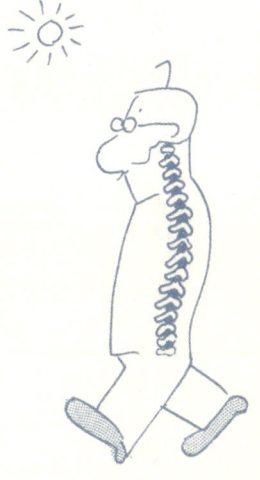

예고豫告 암살 _ 150
비상탈출 분사식 좌석 _ 152
가장 비싼 책을 만들고 가장 어렵게 살고 _ 153
좌부인, 우부인을 둔 대신 _ 154
고려시대 성 범죄 잔혹사 _ 155
조선은 첩의 전성시대 _ 156
죽음의 항로 노예선 _ 157
양첩과 천첩 _ 158
마약과 암살 _ 159
말라리아를 기도로 고치던 시대 _ 160
피부 봉합수술을 개미가 했다? _ 161
말 하나 차이로 자결한 사무라이 _ 162
인도 여성의 사리 _ 164
모르모트는 왜 실험동물이? _ 165
최초의 타이어바퀴 속엔 물 _ 166
게도 똑바로 걸을 수가…… _ 167
몽둥이 같은 지휘봉 _ 168
우쿨렐레 _ 169
최초의 스튜어디스는 간호사 _ 170
산수를 하는 까마귀 _ 171
치마폭 속에 애인 숨기기 _ 172

피눈물 흘리는 도마뱀 _ 173
바닷속엔 50억 톤의 금? _ 174
도시의 행진 _ 175
애국심으로 도둑질? _ 176
7년 만에 완공한 최장 철도 _ 177
과하마果下馬 _ 178
파산선고 받은 대화백 _ 179
현군賢君, 암군暗君 _ 180
신판神判 _ 182
두 개의 기념 간판 _ 183
쿠투조프 대로 _ 184
박쥐우산 자랑하다 _ 186
새까만 이 금지령 _ 187
환관 _ 188
내시의 한숨 _ 190
금金나라 _ 192
열차 창문에서 소변보기 _ 193
환관 양산量産 _ 194
값비싼 이집트 환관 _ 196
염세별감鹽稅別監 _ 198
산소가 없는 태양 _ 199

입이 없는 곤충 _ 200
고무타이어를 즐기는 '키아' _ 201
워싱턴의 실리주의 _ 202
2분간 연설 _ 203
현군과 명보좌관 _ 204
세 가지 샤머니즘 _ 206
무당의 제기祭器 _ 208
칠면조 _ 209
참수斬首와 교수絞首 _ 210
능지처참 _ 211
눈물 나는 부동자세 _ 212
호랑이 고기 _ 214
등용문 _ 215
마릴린 먼로의 사진 _ 216
기연奇緣 _ 217
아무도 잊지 않으리 _ 218
콘돔 기담奇談 _ 219
열탕신판 · 열철신판 _ 220
결투재판 _ 222
독설 _ 224
나폴리병 _ 225

르네상스의 불길 _ 226

물 조심하세요! _ 228

갑골문과 형벌 _ 229

미칠 광狂자 _ 230

정鼎 _ 231

달마 스토브 _ 232

삼국지三國志 _ 233

진기한 아이누족 언어 _ 234

아이누족의 문신 _ 235

여성만의 섬 _ 236

아카데미상의 오스카는 누구? _ 238

석유를 채굴한 뒤에 공동空洞은? _ 240

잠꾸러기 동물과 불면증 동물 _ 241

최초의 은행 강도, 제시 제임스 _ 242

제4장 전쟁과 무기

변기를 달고 다닌 갑옷무사들 _ 245
'콜트'의 이야기 _ 246
암호전서 이긴 미군 _ 247
중세 기사들이 자멸해간 이유 _ 248
최초의 참전 비행기는 정찰용 _ 249
스토르모빅 _ 250
열차포 _ 251
'제로'를 눌러버린 그러먼 _ 252
모자母子 비행기 _ 253
한 방 라이터 _ 254
떠도는 토마토 통조림 _ 255
과달카날의 교훈 _ 256
하늘의 영웅? 스포츠 영웅? _ 257
고립무원, 재로 변한 수도 _ 258
일회용 글라이더 _ 259
타라와의 공포 _ 260
반半검둥이가 된 B _ 261
어시니아호 사건 _ 262
비스마르크 대 후드 _ 263
야마모토 원수의 개탄 _ 264
일본군 38식 장총은 누구의 창안? _ 266

전설의 전투기, 제로식 전투기 _ 268
카드에 열중하다 패전한 사령관 _ 269
십자군은 7만 명을 학살했다 _ 270
암녹색의 유령정찰기 _ 271
안개 속에서 미군끼리 혈전 _ 272
일군日軍 최초의 폭탄투하는 _ 273
전투기의 선구자 롤랑 가로스 _ 274
일군, 우군友軍끼리의 공중전 _ 276
정복자를 신으로 믿었던 아스테카인 _ 277
왕이 인질이 돼 망한 잉카제국 _ 278
전쟁 준비로 루이지애나를 팔다 _ 279
청군淸軍의 요새 · 러군露軍의 요새 _ 280
인도의 전쟁서사시「마하바라타」_ 281
암호 해독으로 전사한 장관 _ 282
미국도 언론에 숨긴 패전 _ 284
지뢰제거 행군 _ 285
임진왜란 이문異聞 _ 286
최초의 잠수함 _ 287
최초의 기뢰 _ 288
자동기뢰설치 잠수함 _ 289
침공의 구실 '위장극' _ 290

시모세 파우더 _ 292
연료탱크 매달고 뛴 전투기 _ 293
공군 보병사단 _ 294
비대칭 정찰기 _ 295
군함이 패잔병 수용소로 _ 296
초short미니 전투 _ 297
2 · 26일군 쿠데타 사건은? _ 298
후커 사단 _ 300
가미카제 노이로제 _ 301
자살특공 _ 302
삶아진 군주의 시신 _ 303
포로는 수치? _ 304
V-1호, V-2로 _ 305
히틀러의 오판 _ 306
폭탄 명중 순간 _ 308
U보트 전성시대 _ 309
잠수함에 의한 피해 _ 310
아벤저 1기의 복수 _ 311
진창 속에 파묻힌 군대 _ 312
전세를 역전시킨 T34 _ 314
조국 잃은 해군의 비극 _ 316

신풍특공대와 순라대 _ 318

이기고 진 전투 _ 320

RAF영국공군전술 _ 322

둘리틀 육군중령 _ 324

만세돌격 _ 326

군기와 할복 _ 328

U보트의 공동묘지 _ 330

제1장

세면대 밑의 파이프는 왜 S자형?

세면대 밑의 배수관은 동서를 막론하고 반드시 S자형으로 구부러져 있다. 이 배수관은 밖의 하수도와 연결된다. 만약에 배수관이 똑바로 돼 있으면 이곳을 통해 하수도에서 오락가락하던 쥐나 해충들이 사정없이 실내로 침입해 들어올 게 뻔하다.

그러나 파이프가 S자형으로 구부러져 있으면 항상 일정량의 물이 고여 있어 해충이나 쥐들이 배수관을 억지로 뚫고 들어올 수 없다.

뿐만 아니라 이 고여 있는 일정량의 물로 인해 하수도에서 나오는 악취의 역류현상도 막게 된다. 이렇듯 물을 고이게 해서 외부 침입자를 막는 장치를 '트랩'이라고도 부른다.

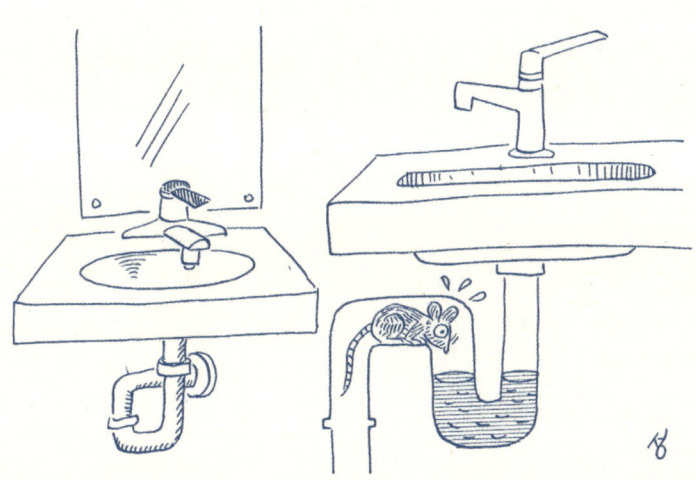

생활상식

블루진의 색은 왜 푸른가?

한때 젊은이들 사이에 폭발적 인기를 얻었던 블루진의 색은 정확히 인디고 블루란 색조이다. 인도산 염색소에서 따온 것인데 실용성 때문에 이 색을 쓰게 된 것이다.

1850년대 미국은 캘리포니아주의 골드 러시로 수많은 광부가 몰려들었고, 광부들의 필요에 따라 생겨난 것이다.

최초로 진을 만들어 팔기 시작한 것은 리바이 스트라우스란 광부였는데, 현재까지 진의 최대 메이커로 인정하는 리바이스사는 이 사람이 창업한 것이다.

천막지를 이용해 작업복을 만든 것으로 순식간에 광부 사이에 퍼져나갔다. 처음엔 천막색이었으나 독사방지에 효과적이라고 해서 인디고 블루색을 물들이게 되었다고 한다.

의사가 귀한 환경에서 절실히 필요했던 것 이었는지는 모르지만 실제로 독사나 독충 방지에 효과가 있는지 과학적으로 입증된 적은 없다고 한다.

왜 생선 머리는 왼쪽으로 누이나

축하연 때나 제사 때 생선은 머리를 왼쪽으로 하고 꼬리는 오른쪽으로 접시에 누인다. 이것은 상식처럼 돼 있는데 사실은 예절에도 속한다.

붓으로 한자를 쓸 때에 왼쪽에서 붓을 놀리기 시작하는 것과 연관이 있다. 즉 '一'자를 쓸 때에도 왼쪽에서 시작해 오른쪽으로 쓰는 것처럼 이러한 원칙이 예절로 이어진 것이다.

따라서 영의정領議政 다음엔 좌의정左議政, 우의정右議政으로 불리며 좌의정의 서열이 위가 된다.

일본에서는 축하연 때 대개 도미를 내놓는데 역시 머리부터 꼬리까지 완전한 걸 내놓으며 미두尾頭붙임이라 부른다.

이것은 머리로 시작해 끝마무리까지 잘 치르라는 뜻이 담겼다. 즉, 운수대통하라는 의미가 되는 것이다.

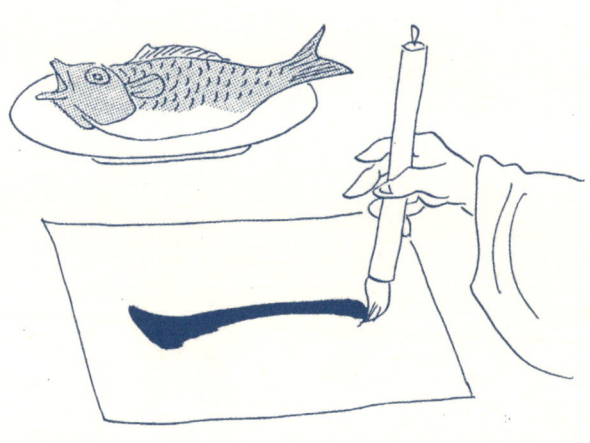

생활상식

통조림은 나폴레옹이 만들었다?

통조림과 병조림은 누가 맨처음 만들어 사용하기 시작했을까? 대량으로 제조해 사용한 것은 나폴레옹으로 알려져 있다.

수시로 급하게 이동해야 하는 군대의 식량을 어떻게 하면 온전하게 보존할 수 있을까 골머리를 썩인 나폴레옹은 '군대에 신선한 식량을 공급할 수 있는 방법'에 대한 현상모집을 했다.

그 결과 '니콜라 아페르'란 프랑스인이 1810년에 병조림을, '듀란드'란 영국인이 통조림을 생각해내 당선되었다고 한다.

한국에선 수시로 대군大軍이 급하게 이동하는 예가 많지 않은데다 습기가 적어 밥을 지어 먹곤 했으나 일본 같이 습기가 많은 나라의 군대가 이동할 때는 밥을 가지고 다닐 수가 없었다.

금세 잡균이 들어가 썩어버리기 때문이다. 때문에 자연스럽게 주먹밥이 발달했고 지금까지도 소풍 등에 애용되고 있다.

즉 주먹밥의 표면에 소금이나 된장, 간장을 발라 살짝 태우기도 하고, 절구에 찧어서 떡으로 만들기도 했었다. 떡은 찧을 때 쌀의 점착성으로 밀도가 높아져 주먹밥보다 보존이 오래가 군대의 휴대식량이 되었던 것이다.

통조림의 표시물 확인방법
1단 : 품명, 가공조리법, 크기
  1단의 두 자가 품종을 나타내고, 다음이 가공조리법의 상태syrup, boiled 등, 그 다음 자가 크기대 : L, 중 : M, 소 : S, 아주 작은 것 : T
2단 : 제조회사명
3단 : 제조년월일(4개의 숫자로 표시)
  첫 자는 제조년의 끝수, 다음이 월수, 다음 두 자가 일수 1월~9월까지는 숫자 그대로 10월은 OOctober, 11월은 NNovember, 12월은 DDecember 1~9일은 01~09로 표시, 10일 이후는 숫자대로 표시

〈농산물 통조림의 기호〉
APS사과-슬라이스 | B그린빈스 | FC혼합과일 | GE포도-씨 뺀 것
GFD마늘장아찌 | GPB그린피스 | KCH김치 | MBW양송이 | MD귤
NOJ귤쥬스 | OJM귤마멀레이드 | PEA배-4절 | PRS파인애플
PW복숭아-백도 | PY복숭아-황도 | SJM딸기잼 | STR딸기

〈수산물 통조림의 기호〉
AB전복 | BC꼬막 | BT골뱅이 | LA김 | MK고등어 | MP꽁치 | MS홍합
OY굴 | SA정어리 | SC대합 | SD오징어 | TB참다랑어 | TP소라

〈축산물 통조림의 기호〉
BF쇠고기 | CK닭고기 | SG소시지 | HA햄

〈조리방법 표시〉
BD조림 통조림 | BL보일드 통조림 | FD가미 통조림 | OL유지 통조림
SO훈제유지 통조림 | St스튜 통조림 | TO토마토 절임

생활상식

세계에서 가장 긴 강은 어디일까?

'옛날에 미시시피 강이 제일 길었으니 지금도 그럴 테지……' 라고 생각되지만 사실은 그렇지 않다. 강의 길이는 새로운 수원지水源池가 발견될 때마다 달라진다.

미국의 미시시피 강과는 달리 이집트의 '나일 강'이나 남미의 '아마존 강' 수원지의 지형은 아직까지 완전히 밝혀지지 않고 있다.

새로운 탐조대에 의해 새 수원지가 발견되면 강 길이가 길어지게 된다. 즉 엄밀하게 말해서 강 자체의 형태가 변하는 게 아니라 수원지의 변화에 의해 강 길이가 달라지는 것이다.

세계에서 제일 긴 강은 나일 강으로 길이 6,671킬로미터, 다음은 아마존 강 6천 3백 킬로미터이며 세 번째는 중국의 장 강이다.

그리고 네 번째가 미시시피 강 6,210킬로미터이 된다. 석유가 나지 않는 나라에선 산유국을 부러워하지만 물이 드문 산유국 쪽에선 물이 풍부한 나라를 부러워하고 있다.

파리의 에펠탑은 여름철에 15센티미터나 높아진다?

 기차가 달릴 때 나는 덜컹덜컹 소리는 레일의 이음새 때문이라는 것은 누구나 알고 있을 것이다.

 레일의 이음새가 없도록 레일 자체를 길게 만들 수는 없을까 하고 생각할 수도 있지만 이음새가 촘촘히 있지 않으면 탈선사고가 날 수 있다. 철은 온도 차이로 늘었다 줄었다 한다.

 따라서 삼복더위 때에는 늘어날 여유가 있어야 하는데, 만약 그렇지 않으면 레일은 구부러지고 달리는 열차가 위험해질 수밖에 없다.

 스코틀랜드의 휘스강에 걸려 있는 철교는 여름에는 겨울보다 일 미터나 늘어난다.

 또 파리의 에펠탑은 여름철에 15센티미터나 높아진다. 얼핏 눈에는 보이지 않지만 철은 온도에 따라 늘었다 줄었다 하는 것이다.

생활상식

남극과 북극 중 어느 쪽이 더 추운가?

물은 덥게 만들기 어렵고 또 차게 만들기도 어렵다. 반대로 땅은 물에 비해 더워지기 쉽고 차가워지기도 쉽다.

북극은 주위가 육지로 되어 있고, 남극은 바다로 되어 있다. 북극의 빙산은 수십 미터 높이이고, 남극엔 수천 미터 높이의 산이 있다.

태양이 안 보이고 밤이 지속될 때의 기온을 보면 북극은 영하 30~40도 정도지만 남극 중심부는 영하 60도나 된다.

또 북극은 바람이 약해 사람이 살 만한데, 남극은 남극대륙 중심부에서 얼음조각이 포함된 강풍이 불어 사람 살기가 어렵다.

때문에 북극엔 에스키모 족, 퉁구스 족이 살고 있는 반면 남극엔 각국에서 파견된 관측기지에 살고 있는 연구·조사관원들밖에 없다. 동물은 북극엔 북극곰, 여우, 바다표범, 고래 등이, 남극엔 펭귄, 물개, 고래, 조류 등이 살고 있다.

수염의 목적, 수염세도

일본인 막부 사무라이 시대의 막을 내리고 천황시대로 접어들자 관리들 사이엔 수염 기르기가 유행했다.

사무라이 때엔 칼을 차는 것이 위엄의 상징이었으나 젊은이들이 양복 차림을 하고 나니 도무지 위엄이 없어 보여 수염을 길렀던 것이다.

처음엔 팔자八字수염으로부터 시작해 러·일전쟁 후엔 카이저 수염이 유행했다. 당시의 독일은 군사대국이요, 황제가 카이저였기 때문이다. 관리들에게서부터 군인으로, 교직원으로, 학자 사이로 늘어나다보니 노동자들까지 수염을 기르기 시작했다.

한때 러시아에서도 턱수염이 유행했었는데, 러시아의 '피터 대제大帝'는 스마트한 유럽풍을 지향하는 편이어서 러시아인의 턱수염을 혐오해 "앞으로 계속 턱수염을 기르는 사람들에겐 아예 수염세를 물리겠다"고 했었다.

생활상식

한국인의 주식은 조粟?

다른 나라에서도 같겠지만 기원전 41년에 신라에서는 혁거세왕이 국내를 돌며 백성들에게 권농을 했다는 기록이 있다『삼국사기』권1, 혁거세왕 17년. 그때부터도 이농현상을 막으려 농경 이외의 일에 백성을 동원하는 것을 금지시키기도 하고 저수지도 만들었는데 가장 오래된 저수지는 벽골지碧骨池로 지금의 김제金堤를 말한다. 이미 생산되고 있던 쌀과 함께 보리, 수수, 조, 콩, 팥 등이 재배되었는데 왕의 식량으론 쌀이 주식이었으나 국민은 조粟가 주식이었던 것 같다.

145년 신라에서 흉년이 들자 국가에서 백성에게 나눠준 것도 조였고, 668년에 신라와 당의연합군이 고구려를 멸망시켰을 때 장수들에게 상으로 준 것도 조였다.

백결百結 선생이 섣달 그믐이 가까워 이웃에선 방앗소리가 들려오는데 선생의 집엔 곡식이 없어 거문고로 방앗소리를 낸 것으로 알려져 있다. 이때 이웃집에서 방아질을 한 것도 조로 알려져 있다.

애인의 초상화를 넣어두는 것이 애초 반지의 용도?

반지는 고대 이집트 때부터 사용됐다. 미라 중에 오른손에 세 개, 왼손에 아홉 개를 낀 것이 발견되기도 했다.

약혼반지는 고대 로마 때부터의 풍습이었다. 대부분의 반지는 11세기경부터 결혼 표시용으로 쓰였으나 색다른 용도도 있었다.

보석 밑이나 뒤에 구멍을 파고 독약을 넣기도 했다. 적에게 쫓기다 피할 길이 없을 때 독을 마시고 자살하자는 것이었다.

카르타고의 용장 한니발기원전 247~183도 반지 속의 독을 마시고 자살했다. 또 애인의 초상화를 넣기도 했다.

프랑스의 사상가 볼테르는 애인 '샤틀레 공작' 부인의 반지 속엔 의당 자신의 초상이 들어 있을 것으로 알고 있었는데, 부인이 사망한 직후에 반지 뚜껑을 열어 보니 엉뚱한 젊은이의 초상이 들어 있어서 실망 했다고 한다.

생활상식

세계에서 가장 많은 성姓은?

중국의 통계조사에서 중국인의 7.9퍼센트가 '이李'씨 성인 것으로 알려졌다.

2013년 중국의 인구는 약 13억 4천 9백 5십만 명이므로 '이'씨 성은 중국에서만 약 1억 명 이상이 되는 셈이다. 둘째가 '왕王'씨 성으로 7.4퍼센트, '장張'씨가 7.1퍼센트가 된다.

영어권에서 가장 많은 성은 '스미스'로 미국과 영국에서만 약 3백만 명에 이른다.

성의 종류별로 보아 세계에서 가장 많은 성은 여러 민족으로 구성된 미국으로 약 백만 종의 성이 있다. 다음으로 일본이 약 30만 종, 핀란드가 약 6만 종, 영국이 약 만 5천 종, 중국이 약 만 종이나 되는데 한국은 약 3백 종으로 성씨의 종류가 가장 작은 나라로 으뜸이 되는지 모른다.

밤엔 키가 작아지나?

사람의 키가 아침과 밤에 늘었다 줄었다 한다면 얼른 믿어지지 않겠지만 사실은 사람에 따라 아침과 밤에 1~2센티미터까지 차가 생긴다.

보통 평범한 생활을 하는 사람은 아침에 키가 제일 크다. 그 차이는 뼈의 마디에 의해 생긴다. 해골은 그 전체가 뼈인 고로 변화가 없다.

그러나 목엔 일곱 개의 뼈가 사이사이의 연골판軟骨板으로 연결돼 있고 하루종일 무거운 머리를 받치고 있기 때문에 목 부분이 눌린다. 허리 부분은 등뼈가 커브를 그리며 조금씩 짓눌린다.

그밖에 무릎과 발의 관절 부분 연골 또한 짓눌려서 전체크기가 줄어드는 것이다. 그러던 것이 하룻밤 자는 사이에 연골이 서서히 정상화되면서 다시금 키가 커지는 것이다. 키를 정확히 나타내려면 '아침 키', '밤 키' 두 가지로 측정해야 할지 모른다.

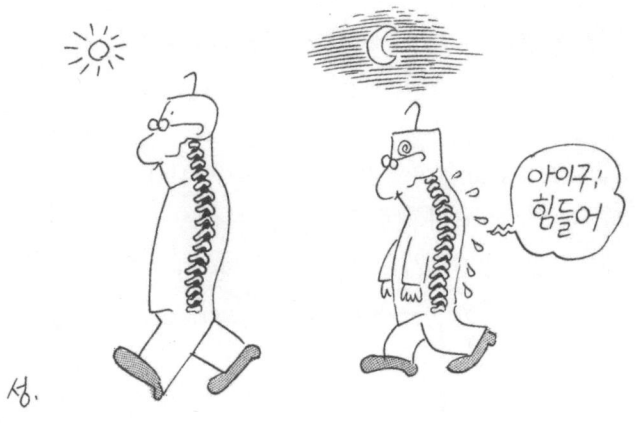

생활상식

수염은 낮에 자란다?

사람의 수염은 하루에 0.2~5밀리미터 정도 자란다. 온도에도 차이가 있는데 고온일 때 잘 자란다. 밤중에 잘 자랄 것 같지만 실은 낮에 더 잘 자란다.

가장 잘 자라는 시간은 오전 10시 전후로, 밤중에 자라는 속도보다 세 배나 빠르게 자란다.

겨울보다 여름에 잘 자라며 얼핏 생각하기엔 맛있는 음식, 즉 영양가가 높은 식사를 할수록 잘 자랄 것 같으나 사실은 저칼로리의 식사를 할 때 더 잘 자란다고 한다.

또 운동량이 적을수록 잘 자라며 무인도의 '로빈슨 크루소' 같이 낚시로 소일을 하거나 감옥에 가만히 앉아 있으면 더욱 잘 자란다. 영화 같은 데서 죄수의 수염이 덥수룩한 것은 운동량이 적은데다 저칼로리의 식사를 하기 때문인 것이다.

인체에서 가장 더러운 곳은?

'몸에서 가장 더러운 곳이 어디냐?'고 물으면 대개는 항문, 콧구멍, 치아 사이, 배꼽의 때 등을 연상한다.

그러나 인체 중에서 세균이 가장 많고 가장 더러운 곳은 발가락이다.

어느 의학박사가 병원 직원들의 제각기 다른 신체 부위에 멸균滅菌가제를 붙여두었다가 여덟 시간 뒤에 떼어내 세균의 숫자를 조사해보니 세균이 가장 적은 부위는 어깨와 팔이고 발가락 사이의 세균량은 어깨 부위보다 무려 7백 배나 많은 수치가 나왔다고 한다.

구두 속이 따뜻해서 세균 번식이 쉽기 때문이다. 한국의 짚신 시대, 일본의 게다시대엔 아예 무좀이란 것이 없었지만 구두시대에 들어와서부터 무좀 전성시기(?)가 도래한 것이다.

특별한 경우를 제외하고는 모름지기 최소 하루에 한 번은 발을 깨끗이 씻어야 할 것이다.

생활상식

에스컬레이터를 탈 때 브랜디를 마셨다?

1889년 5월 6일 파리에서 만국박람회가 개막됐을 때 전시용으로 선보인 것이 계단식 승강기 즉 '에스컬레이터'이다.

그러나 이것이 실용화된 것은 1896년 뉴욕 코니 아일랜드의 부두에 설치된 것이 처음이다.

미국의 실업가 '레노'라는 사람이 고안해 만들어졌다. 발을 올려놓는 곳은 널빤지, 손잡이 쪽은 고무제품으로 만들었고 '움직이는 계단'이라 해서 인기를 끌었다.

백화점에 설치된 것은 1898년 런던의 '해로드' 백화점으로, 이걸 타고 나서 기분이 나빠지거나 정신을 잃는 고객이 간혹 있어서 이런 사람들에겐 정신이 나게끔 '브랜디를 한 잔씩 마시게 했다'는 웃지 못할 진극珍劇이 벌어지기도 했다.

가장 유익했던 책이 예금통장?

어떤 사건의 주인공 아니면 독설가로 그 이름이 길이 남아 있는 사람으로 영국의 '버나드 쇼1856~1950'가 있다.

초등학교만 나오고 런던에 올라와 소설을 썼으나 연거푸 실패만 거듭하다가 우연한 기회에 그의 연설이 갈채를 받아 웅변가로, 극작가로, 비평가로 유명해지기 시작했다.

'빈민촌에서 살이 찐 부자', '영웅의 정체', '매춘문제' 등을 심도있게 다뤘고, '우주의 생명력'을 인식하고 창조의 진화進化를 따라야 한다는 주장을 내걸었다.

그의 해학과 역설적인 언동은 가지가지의 에피소드를 남기고 있다. 어느 기자가 "여지껏 읽은 책 중에 가장 유익했던 책은?"이라고 묻자 "예금통장"이라고 대답했고, 94세로 임종할 때는 "부산 떨 것 없어…… 이런 골동품인 걸……" 한마디를 남겼다.

생활상식

최초의 야채·최초의 조미료

인류의 활동에 대한 기록이 있던 시대를 역사시대歷史時代, 기록이 없는 시대를 선사시대先史時代라 부른다. 인류의 탄생시기를 약 백만 년 전으로 보면 역사시대는 수천 년에 불과하다.

선사시대는 석기시대, 청동기시대, 철기시대 등 인류가 사용한 도구가 무엇이었느냐에 따라 분류되고 이름 붙여진다.

구석기시대약 1만 년 전까지 · 중석기시대약 6천 년 전까지 · 신석기시대약 4천 년 전가 되고 식료품을 얻는 방법에 따라 어로, 수렵, 목축, 농경시대로 발전했다.

그런데 『단군신화』를 보면 "태고에 호랑이와 곰이 동굴에 살고 있다가 신神에게 사람이 되기를 원하자 신은 쑥 한 덩이와 마늘 스

무 개를 주면서 '너희가 이것만 먹고 백 일간 햇빛을 보지 않으면 사람이 될 수 있으리라' 했다."

'호랑이는 이 계율을 지키지 못했고 곰은 이를 지켜 사람이 되었고 하늘에서 내려온 환웅桓雄과 결혼해 태어난 아기가 단군檀君이다『삼국유사』 권 제1 고조선'라고 기록돼 있다.

이 기록으로 보아 태곳적 야채 중엔 쑥이 있었고 조미료엔 마늘이 있었다는 걸 알 수 있다.

조미료調味料, Seasoning
음식을 만드는 주재료인 식품에 첨가해서 음식의 맛을 돋우며 조절하는 물질. 이런 물질들을 일반적으로 조미료와 향신료로 나누는데, 정확하게 구분하기는 힘들다. 그 이유는 이들을 구분하기 위한 객관성 있는 원칙이 없기 때문이다. 그러나 대체로 네 가지 기본 맛 중 짠맛 · 단맛 · 신맛을 내는 물질들을 조미료로 본다.

생활상식

열차·여객기·배의 출발시간

열차의 출발시간은 열차가 플랫폼에서 움직이기 시작할 때부터 계산된다. 즉 덜컹하는 순간이 출발시간이 된다.

그러나 여객기는 문이 닫히고 엔진이 걸리고 활주로를 미끄러져 가는 시간이 오래 걸린다.

여객기의 바퀴가 돌기 시작한 시간을 출발시간으로 하고 운항이 끝나 착륙하고 바퀴가 정지할 때까지의 시간을 블록 타임이라 부르며, 여객기의 바퀴가 지상을 떠나고 다시 지상에 닿을 때까지의 시간을 플라이트 타임이라 부른다.

여객선의 출항시간은 배가 떠날 때 나는 고동소리가 시작되는 시간부터냐 고동소리가 끝나는 시간이냐로 말하지 않고, 배의 정박을 위해 부두에 매두었던 로프가 풀리는 순간을 출항시간으로 삼는다.

그러나 대형탱커 유조선같이 부두에 닿지 않고 바다에 떠 있는 배의 경우는 닻 올리는 순간을 출항시간으로 친다.

인력거 발명

1869년 일본 후쿠오카 출신 이즈미 요오스케和泉 要助는 그 당시의 교통수단인 마차나 가마보다 더 능률적인 차車를 만들어보고 싶었다.

그는 달구지 위에 좌석을 만들고 사람이 끌 수 있게 만들어보았으나 뒤집히기도하고 불안정해 몇 번인가의 실패 끝에 인력거를 만들어냈다.

1870년에 급기야 동경부東京府로부터 영업허가를 받아냈는데 첫째, 통행인에 지장을 주지 않는다. 둘째, 요금을 싸게 한다. 셋째, 고관이나 순라대 또는 군대와 만났을 때는 옆 골목으로 피한다. 넷째, 화재 현장엔 가지 않는다, 등 네 가지 조건부였다.

이것이 두 사람이 메고 뛰는 가마보다 빠르고 운임이 싸서 눈 깜짝할 사이에 대유행, 중국·동남아시아까지 퍼져나갔고, 1873년엔 대장성財務部으로부터 보조금을 받아 공사公社조직으로 커졌다. 인력거는 택시가 대중화되기까지 실로 반세기 동안 민중의 발 역할을 해냈던 것이다.

생활상식

감귤과 밤의 역사

예부터 일본에선 상당한 양의 감귤이 생산되어서 일본이 감귤의 원산지로 잘못 알려져 있으나 사실은 제주도에서 일본으로 건너간 것이다. 『일본서기日本書紀』에 의하면 기원전 13년경 일본에서 밀감蜜柑 또는 귤과橘果을 구하고자 제주도에 사람을 보냈다고 한다.

또 통일신라시대 초기엔 우리나라에서 상당히 큰 밤이 생산됐다는 기록도 있다.

원효元曉는 그 어머니가 밤나무 밑을 지나가다 분만했다. 거기엔 절이 있었는데 주지가 하인 한 사람에게 한 끼에 밤 두 톨씩을 주었다고 한다.

하인이 이 사실을 관가에 호소했는데 조사해보니 밤 한 톨이 그릇에 가득 찰 정도로 컸다고 한다. 관가에선 이후로는 한 끼에 밤 한 톨만 주라는 판결을 내렸다고 한다『삼국유사』 4권. 옛 기록이라 과장 했겠지만 밤 한 톨이 큰 것은 사실일 것 같다.

맹독猛毒 랭킹 1위가 황금개구리?

독거미, 지네, 독사, 전갈, 전기장어, 유독해파리 등 동물 중엔 독을 지닌 동물들이 수없이 많다.

가장 독한 독을 지닌 랭킹 1위 동물은 콜롬비아의 열대우림 속에 살고 있는 황금개구리로 학명은 'Phyllobates-terribilis'이다.

몸길이는 불과 5센티미터 밖에 안 되지만 한 마리의 독으로 2만 마리의 쥐를 죽일 수 있는 것으로 기록돼 있다.

그래서 콜롬비아 등 여러 인디오 부족들은 이 개구리의 피부에서 분비되는 유독액체를 병에 모아 두고 독화살에 쓰고 있다.

독화살에 맞은 동물은 그 상처 크기와 동물 자체의 체구에 따라 다르지만 대개는 죽는다.

생활상식

상형문자

한자는 상형문자象形文字에서 시작되어 여러 단계를 거쳐 변화했고, 인간의 기억으로 외울 수 없는 것을 기록으로 남기기 위해 태어났다.

종이가 생기기 전에 거북의 껍데기나 동물의 뼈에 그림체의 형상을 새기기 위해 딱딱한 옥玉이나 청동제 칼이 사용됐다.

또한 하나하나 새기는 데에는 상당한 체력이 소모되었기 때문에 약한 자는 아예 쓸 수가 없었다.

갑골문자甲骨文字의 문서에는 대체로 열 개에서 스무 개 정도의 글자가 새겨졌는데 뼈의 안팎에다 새기기도 했다.

딱딱한 옥으로 딱딱한 뼈에다 홈을 내야 하니 역도선수나 럭비선수같이 힘이 세거나 건장한 자만이 갑골문자를 새길 수 있었다는 얘기가 된다.

말

상형문자로서 알기 쉬운 글자에는 '말 마馬' 자가 있다. 한韓나라 때 유방을 모시던 석건石建이라는 관리는 황제에게 상소문을 올렸으나 반려됐다.

자세히 본즉 글자에서 점点이 네 개여야 할 것을 세 개밖에 찍지 않은 오자誤字가 발견되었다.

그는 이것을 대단한 치욕으로 생각했으며, 죽음에 해당하는 죄를 지은 것으로 알고 한탄했다.

그러나 갑골문자에서는 말다리 부분은 두 개밖에 없다. 옆에서 본 말의 모습은 다리가 겹쳐 보여 앞뒤로 하나씩만 있는 것으로 쓰인 것이다.

결국 대단한 오자는 아니었던 것으로 판명됐다.

생활상식

만두

만두는 중국 전통음식으로 알려져 있지만 중국의 삼국시대 때부터 유래된다. 더욱이 음식이 아니라 제물로 바치는 사람의 머리를 뜻하는 것이었다.

서기 200년경 제갈공명이 남녘땅을 정벌하고 돌아올 때 운남성雲南省에 있는 강물이 비바람으로 요동 쳐 건널 수가 없었다. 이때 시종 한 사람이 "이민족을 정벌했기 때문에 그 영혼과 수신水神이 노한 것이니 사람의 머리를 잘라 제물로 바쳐야 합니다"라고 진언 했다.

이때 공명은 "죄 없는 이를 어찌 제물로 바치겠는가? 양이나 돼지고기를 당면에 섞어 밀가루를 씌어 사람머리 비슷하게 위장해서 제사지내게"라고 해 그대로 했더니 비바람이 멈춰 강을 건넜다는 전설이 내려오고 있다.

이것이 만두의 기원이 된다. 송宋의 신종神宗 때 나온 책 『사물기원事物紀原』에 실려 있다.

바나나의 씨

 우리가 흔히 먹는 바나나에는 씨가 없어 보이지만, 둥글게 잘라 중심부를 자세히 보면 까만 점이 몇 개 보인다. 이것이 씨의 잔해다.

 지금도 원산지 말레이시아에는 야생의 씨가 박혀 있는 바나나 '아구타이'가 있고 현지 주민들이 먹고 있다.

 씨가 없는 바나나는 줄기 밑뿌리 쪽에서 죽순 같은 게 나와서 자라고 번식한다. 바나나는 기원전 5천~1만 년 전 사이에 재배가 시작된 파초과의 커다란 풀#이다.

 3백 종이 넘는 품종이 있다.

생활상식

기이한 이름

'이브 리비'는 개구쟁이 어린 시절 어머니가 저녁 먹으로 들어오라고 부를 때 '이브 몽트, 이브 몽트'라고 불렀다. 이브는 이름이고 몽트Monte는 '올라와'라는 말이다.

매일 '이브, 올라와'라고 부르다 보니 그가 영화배우로 데뷔했을 때 자연스럽게 '이브 몽탕'이 예명이 된 것이다. 〈공포의 보수〉 등에 나온 프랑스의 세계적 스타 얘기다.

도리스 카펠호프는 댄서를 지망하는 소녀였다. 그러나 교통사고로 일 년간 입원하게 되자 가수로 전향했다.

그러다 〈데이 애프터 데이날이〉라는 노래가 히트했고, 친지들이 이를 축하해 '도리스의 날'이라 부르자 데이Day를 딴 이름으로 '도리스 데이'라는 가수가 됐다.

도리스 데이라는 이름으로 히트한 노래로는 1945년에 〈센티멘털저니〉가 있다.

공중욕탕 전성기와 몰락

기원전 146년께 로마가 그리스를 정복한 후 그리스의 건축·토목기사들을 로마로 데려가 거대한 건조물과 도로, 수도水道, 산과 개울에서 물을 끌어가는 수로를 만들게 했는데 그 길이가 무려 4백 킬로미터에 달했다.

산에는 터널을 팠고 계곡 사이에는 수도교水道橋를 설치했다. 시민의 음료수나 세탁용수로 이 정도의 양은 필요 없었으나 공중탕 용수로 필요했던 것이다.

그리스로부터 온수공중탕법을 알게 된 시민들은 금방 이에 탐닉했고 위정자는 국민의 지지를 받기 위해 대규모 공중탕을 만들었다. 한 번에 천 6백 명이 동시에 목욕할 수 있었다니 그 규모를 짐작할 만하다.

몇백 년 후인 1494년께 유럽에 매독이 만연했는데, 공중탕에서 전염된다고 잘못 알려져 그때부터 공중탕은 급속히 쇠퇴해갔다. 사실상 공중탕은 남녀간의 사교장이기도 했고 매춘의 온상이기도 했다.

수로 / 욕탕

생활상식

럭비공은 왜 타원형인가?

초기의 럭비공은 상당히 무거운 것이었다. 언제인가 명확치 않지만 영국의 어느 학교에서 럭비를 하던 선수들이 공 만드는 공인エ에게 찾아가 가벼우면서도 차면 멀리 날아가는 공을 만들어달라고 청을 했다. 공인은 시험 삼아 돼지의 방광을 튜브로 만들어 부풀려 본 결과 가벼우면서도 멀리 날아가는 공이 됐다고 한다.

그러나 돼지의 방광은 가늘고 길어 아무래도 타원형 모양이 될 수밖에 없었다. 이것이 럭비공 모양의 유래가 된다.

근대 럭비는 영국에서 12세기경부터 청소년들 사이에 성행되던 풋볼의 일종에서 유래되었다. 한때 국왕의 금지령이 내려진 때도 있었으나 더욱 성행해왔다.

코르크 마개를 쓰는 와인

와인의 마개로 코르크를 쓰기 시작한 것은 약 2천 6백 년 전의 고대 그리스 시대 때부터이다.

코르크 이상으로 밀폐성이 강한 마개가 없었기 때문으로, 보통 와인 병 입의 크기는 18밀리미터가 되는 데 비해 코르크 마개의 직경은 24밀리미터가 된다.

코르크엔 독특한 탄력이 있어서 가능하다. 한번 찔러 넣은 코르크가 원상태의 크기로 돌아가기 위해 밀도가 높아지는 동시에 수분이 닿으면 부드러워지는 성질이 있기 때문이다.

와인 병을 눕혀놓아도 와인은 새질 않는다. 게다가 코르크엔 살균작용이 있어서 와인에 곰팡이가 앉거나 썩는 걸 막아준다. 기원전 5세기나 6세기 때부터 옛사람들은 지혜로웠던 것이다.

요즘은 코르크가 입수 곤란해져서 플라스틱이나 고무 제품 마개가 사용되기도 하는데 과학적으론 문제가 없으나 기분적으론 입맛이 떨어지지 않을까?

생활상식

왜 남성을 뜻하는 데 '한漢'을 쓰나?

열혈한熱血漢, 악한惡漢, 문외한門外漢뿐만 아니라 만원 전철 속에서 여성의 몸을 더듬는 이도 치한癡漢이라고 반드시 남성을 뜻하는데 '한'자가 들어가는 이유는 무엇일까? 그 어원은 간단하다.

고대 중국의 한나라의 '한'에서 유래된다. 유목민부족 흉노匈奴는 한나라 군사를 가리켜 한아漢兒 또는 호한好漢이라 부르는 데서 남성을 가리키는 글귀로 살아남았던 것이다.

그 후 한나라는 크게 번성했고 중국을 통일함으로써 중국의 대명사로 쓰이게 됐다. 중국의 문자를 한자漢子라 부르는 것도 같은 맥락이 된다.

세계 최고가 우표는?

 1856년 영국령 가이아나에서 발행된 일 센트 우표가 현재까지 발견된 것으론 단 한 장밖에 없는 우표이다.

 빨간 색지 위에 범선이 그려진 것인데 위조 방지를 위해 한 장 한 장마다 사인을 해서 사용된 우표로 1980년도의 국제적 경매에서 경매수수료를 포함해서 93만 5천 달러로 낙찰되어 사람들을 놀라게 했었다.

 그러나 1993년의 스위스의 펠트만 옥션에서 나온 모리셔스 최초의 우표 1페니와 2펜스 우표 두 장을 붙인 편지봉투 가격은 575만 스위스 프랑약 44억 원으로 낙찰되어 세계신기록을 세웠다.

 가이아나 일 센트 우표건 모리셔스 우표 봉투건 간에 근래엔 경매시장에 나온 바가 없어서 또 얼마나 나갈지는 예측할 수가 없다. 근래까지의 기록을 말한 것뿐이다.

생활상식

여성 불참, 알몸으로 뛴 올림픽

올림픽은 고대 그리스 올림피아에 있는 제우스 신전에서 4년마다 제전祭典으로 열린 체육경기였다.

그런데 약 2천5백 년 전의 그리스의 조각품이나 항아리에 그려진 그림에서 운동경기를 하는 남성들은 모두가 나체로 표현되어 있다.

육체미를 나타내기 위한 것이 아니라 실제로 알몸으로 경기를 했기 때문이다.

어느 해의 경기 때 '오르십포스'란 선수가 달리기를 하던 중 허리에 감은 가리개 천조각을 떨어뜨렸는데 그것을 줍다가 뒤처지는 바람에 알몸으로 끝까지 뛰어 우승을 했다고 한다. 그 후부터는 모두가 알몸으로 경기를 하는 게 관행이 됐다고 한다.

여성 선수는 어떻게 했을까? 여성의 경기종목은 처음부터 없었으므로 여성 선수가 없었을 뿐만 아니라 여성은 아예 경기관람을 할 수 없었다고 한다.

골프공엔 왜 구멍이 많은가

 구기球技 중에서는 탁구공과 함께 골프공이 가장 작은 공을 사용하는 스포츠라는 것은 누구나 아는 사실이다.

 그런데 이 골프공 표면에는 두툴두툴한 작은 구덩이가 많다는 것도 알려진 사실이다. 이 구덩이는 영어로는 딤플Dimple, 보조개. 움푹 들어간 것이라고 부르는데 모양이 좋으라고 만든 것이 아니다.

 이 딤플은 공이 날아가는 데 엄청난 함수관계가 있다. 즉 골프채에 맞은 볼은 회전하면서 날아가는데 이 딤플은 공기의 저항을 줄여주는 효과를 갖고 있을 뿐만 아니라 볼의 주변 공기의 흐름을 양력揚力, 떠오르는 힘으로 바꾸려는 기능이 있어 날아가는 거리가 늘어나는 것이다.

 골프메이커의 실험에 의하면 딤플이 있는 공과 표면이 매끄러운 같은 무게의 공을 쳤을 때 날아가는 거리는 무려 세 배 이상 차이가 나는 것으로 나타났다. 모든 공의 형태와 모양에는 나름대로의 이유가 있는 모양이다.

생활상식

차茶만 마시고 하루에 천 킬로미터를 달렸다?

칭기즈칸成吉思汗시대의 전기傳騎, 전령는 말을 타고 달리기 전에 내장이 파열되지 않게 배에다 광목을 칭칭 감고 독수리 깃털을 단 투구를 쓰고 출발했다.

말로 달리되 6일간 굶을 수 있으며 내장 보호를 위해 차만 마시고 하루에 천 킬로미터를 달렸다. 10일간 견디는 게 보통이었다.

중세 몽고족은 신이 낳은 가장 탁월한 야수였다. 훈누匈奴라고도 불렀는데 몽고말로 '사람'이란 뜻이 된다. 몽고족은 성城이 필요 없었다.

문화는 약탈하면 되는 것이고 만들어내거나 그 속에 빠져들면 안 되었다.

주택도 이동하기 쉬운 빠오包 또는 게르란 천막이면 족했고 세계에서 가장 성욕이 강한 집단이었던 것이다.

곡물 상용 인종이 아니라 동물의 고기와 피를 마셨고 하루에 성교를 일곱 번이나 할 수 있었으며 원정 때는 여인 대신 암캐를 데리고 떠나기도 했었다.

이런 부족 3백 개, 약 4백만 명을 규합해서 13세기에 세계 정복을 한 것이 칭기즈칸이란 인물이었다.

몽고족蒙古族, 몽골족. Mongol
총인구 250~300만. 전형적인 몽골로이드로, 신장은 비교적 작고 단두短頭로 얼굴폭이 넓다. 외몽골(몽골인민공화국)의 약 80만, 중국 네이멍구內蒙古자치구의 약 150만이 그 주류를 이루며, 코브드 지방, 카스피해海 연안, 간쑤성甘肅省 등지에도 분포한다. 그중 인구가 가장 많은 역사적·문화적 중심지는 내·외 몽골의 할하족 및 차하르족 등이다. 원래 고원 북동부의 초원과 삼림이 상접한 지대에 살면서 반목반렵半牧半獵생활을 하였으나, 9세기 중엽 이래 점차 남하하여 전형적인 기마유목민騎馬遊牧民이 되어 부족국가를 세웠다. 그 뒤 13세기 초 칭기즈칸이 모든 부족을 통합하여 몽골제국을 건설하였으나, 원나라 붕괴 후 많은 봉건적 제후국諸侯國으로 분열하였다. 같은 시기에 티베트에서 황교파黃敎派 라마교가 전해져 사회의 상하에 깊이 침투하여, 사원은 영지와 영민領民을 가지게 되고, 고위高位의 라마는 세속영주와 더불어 지배계급을 형성하였다. 1911년 신해혁명으로 몽골은 독립을 선언하였으며, 21년 몽골인민공화국을 세웠다. 현재의 공산정권하에서도 전통적인 습속은 남아 있으나, 과거의 유목생활을 버리고 정착하여 농목업 등을 영위한다.

생활상식

달리기는 왼쪽으로 돌아야

육상의 백 미터, 2백 미터, 4백 미터 등 달리기 경기는 왼쪽으로 돌게 돼있다.

그러나 처음부터 그랬던 것은 아니다. 1896년 1회 아테네올림픽 때는 시계방향과 같이 오른쪽으로 돌았다.

또 그 이전부터 있어 왔던 영국의 케임브리지대학과 옥스퍼드대학 간의 육상 경기에서도 오른쪽으로 돌았다. 2회 파리올림픽 때 처음으로 왼쪽으로 돌게 되었고, 1912년에 국제육상경기연맹 IAAF이 설립되고 나서부터는 왼쪽으로 돌게 규정지었다.

이유는 원심력에 의한 심장의 부담을 줄이기 위해서라고 하는데 자전거 경기에선 이 설이 지배적이다.

또 사람은 70퍼센트가 왼쪽 다리를 축으로 해서 오른발로 땅을 박차고 나갈 때 왼쪽으로 도는 게 인체구조상 합리적이라는 결론이 나왔기 때문인 것으로 알려져 있다.

번지점프

'번지'의 철자는 영국·미국의 경우 'bungee', 뉴질랜드에선 'bungy'로 조금 다르다. 남태평양 펜테코스트란 섬의 전통행사에서 힌트를 얻어 상업화된 것이다.

수백 년 전에 그 섬의 여성이 남편의 학대를 피하기 위해 나무덩굴을 발목에 감고 코코넛나무 위에서 뛰어내린 것이 시초로 알려져 있다.

그러다 1979년 영국 옥스퍼드대학에서 '위험스포츠클럽'을 만들었던 멤버가 턱시도에 실크모자를 쓰고 영국 브리스톨 다리 위에서 '번지' 모습으로 뛰어내리기 시작했다. 이후 미국에선 샌프란시스코의 금문교에서 유행되기 시작했다.

1987년에 뉴질랜드의 A.J. 해킷이 파리의 에펠탑에서 뛰어내려 화제를 뿌린 후, 세계 도처에서 전용타워까지 세우는 등 스포츠로 인정되면서 1995년부터 세계경기대회로 발전했다.

생활상식

파리의 손·발 비벼대기

책상이나 밥상에 앉은 파리를 보면 끊임없이 앞발과 뒷발을 싹싹 비벼대는 걸 볼 수 있다. 마치 자신이 더러워서 죄송하다고 비는 모습같이 보이기도 한다.

파리의 앞발과 뒷발엔 흡반吸盤이 붙어 있다. 파리는 이것 때문에 천장이나 벽에 마음대로 붙어 있기도 하고 기어다닐 수 있다.

하지만 흡반에 먼지가 묻어서 흡반의 효력을 잃게 된다. 그래서 먼지를 털어버리고 침을 묻혀서 적당하게 습기를 유지하기 위해 비벼대기 운동을 하는 것이다.

그 흡반에는 여러 종류의 세균이 잔뜩 묻어 있어서 음식물 등에 세균을 묻히고 돌아다닌다. 그래서 우리가 파리를 잡을 수밖에 없는 것이다.

경기 중의 사망 1위가 골프?

권투 경기와 축구, 럭비 등 심한 체력 소모의 운동 도중에 선수가 사망하면 스포츠지면에 대대적으로 기사화되어 가장 위험한 운동으로 인식되지만 실제로 경기 중의 사망률이 많은 것은 놀랍게도 골프란 통계가 나와 있다.

골프 경기 중의 사망률은 세계적으로 연간 약 28.7명으로 기록된다.

골프 중 사망자의 3분의 2가 과거에 심장병이나 고혈압 병을 치료 받았던 경험자로 드러나 있다. 심장 발작의 원인은 대개 부정맥으로 정신적인 스트레스와 연관된다. 스트레스를 받으면 맥박이 빨라지고 혈압이 상승되기 때문이다. 아주 추운 겨울이나 오뉴월 복중의 플레이 때도 큰 부담이 된다.

또 땀을 많이 흘렸을 때는 충분한 수분 공급을 받지 못하면 혈중농도가 높아진다. 이럴 때 맥주는 오히려 탈수증상을 일으킬 수 있으니 금물이라 한다.

생활상식

제2장

증기기관차가 지하철로 달려

세계 최초의 지하철은 1863년에 개통된 런던 지하철이다. 당시엔 전기기관차가 없어 지하터널 속을 증기기관차가 달렸다.

그러다 보니 터널 속이 연기투성이가 되어 승객들에게 엄청난 피해를 주었다. 그래서 지상으로 연기를 뽑아내는 구멍을 만들기도 했고 연기를 일단 물속에서 걸러내는 장치를 설치하는 등 별의별 실험을 다 해보았다.

정확한 기록은 없지만 아무튼 흰 셔츠나 흰 드레스가 새까맣게 되어 세탁비가 많이 들었을 것 같다. 그럼에도 불구하고 런던 지하철은 당시에 인기가 대단했다.

약 6킬로미터의 코스인데도 불구하고 최초 일년 동안에 950만 명의 승객이 지하철을 이용했다.

그후 1890년부터 전력화가 개시되었고, 지하 증기기관차가 완전히 은퇴한 것은 1905년에 이르러서였다.

화이트하우스의 명칭 유래

화이트하우스가 완성된 것은 1800년. 최초의 입주자는 존 애덤스 2대 대통령였지만 지금 같은 흰 건물은 아니었다.

1812년에 일어난 미·영전쟁 때 수도 워싱턴의 대통령 관저도 전화戰禍에 휩쓸렸고 1814년엔 대부분 소실되었다. 이에 따라 이듬해인 1815년 전면 개축에 들어가 불에 타 검게 그을린 자국을 지워버리기 위해 건물 전체에 흰 페인트를 칠했다.

이것이 미 대통령 관저가 화이트하우스라는 이름을 얻게 된 유래가 되었다. 처음에는 별칭으로 불려지다가 26대 대통령인 루스벨트 때부터 정식 호칭으로 사용되었다.

루스벨트 대통령이 편지지에 화이트하우스란 명칭을 넣고 나서부터 정식 명칭이 된 것이다.

여객선 출항 때의 오색 테이프는 아이디어 상품?

여객선이 떠날 때엔 구슬픈 기적소리와 함께 길고 긴 오색 테이프가 휘날린다. 여객들과 환송객들 사이에 늘어뜨려져 있는 오색 테이프는 휘황찬란한 색깔로 부두를 화려하게 장식하지만 그만큼 이별의 정情을 아쉬워하는 애수哀愁를 느끼게 한다. 그런데 이런 이별의 테이프 유래는 그렇게 오래되지 않았다.

1915년에 샌프란시스코에서 만국박람회가 열렸을 때다. 일본의 어느 거상巨商이 출품했던 물품의 포장용 테이프가 대량으로 남아버리게 됐다. 이때 모리노라는 일본인이 항구 부둣가에서 '테이프로 이별의 악수를 합시다'라면서 테이프를 팔기 시작했다. 그렇지 않아도 이별을 아쉬워하던 사람들은 너도나도 테이프를 사기 시작해 금방 매진됐다. 이후부터 부두에서는 이같은 행사가 일반적인 습관이 되어 '이별의 테이프'로 이름 붙여진 새로운 상품이 대량 제조되어 팔리게 됐다. 아이디어 상품이란 바로 이런 걸 두고 말하는 것일지도 모른다.

어원과 유래

이발소의 적·청·백색 표시

이발소 앞엔 으레 적색·청색·백색의 사선이 빙글빙글 도는 유리원통이 서 있다.

빨강은 동맥動脈, 파랑은 정맥靜脈, 흰색은 붕대를 상징한 것이다. 중세 유럽에서는 일정한 양의 피를 뽑는 것이 하나의 건강법으로 알려져 있었는데 몸에 상처를 낸 후 기구를 갖다 대고 공기압空氣壓으로 피를 빼곤 했다.

이는 주로 목욕탕에서 이루어졌고 손님의 머리나 수염을 손질하는 이용사의 몫이었다. 이때 손님으로 하여금 긴 몽둥이를 꽉 잡게 해서 피를 뺐고 붕대를 감았다.

이러한 피 뽑기를 하는 장소라는 것을 알리기 위해 몽둥이에 붕대를 목욕탕 대문 옆에 세워두었다.

그러나 이것이 불결해 보인다는 여론이 일어 빨강·파랑·흰색의 유리 몽둥이(?)로 바꾸었는데 이것이 오늘날 이발소를 상징하는 것이 됐다. 당시의 이용사는 외과의사를 겸한 셈이다.

팁의 어원은 목욕탕에서

중세 때의 건강법으로 목욕탕에서 손님의 피를 빼는 이용사의 직업이 번창했다는 것은 앞서 소개했는데, 이 피 빼기에 대한 요금은 일정치가 않았다고 한다. 손님은 자신이 낼 수 있는 금액, 또는 주고 싶은 금액을 지불했던 것이다.

이러한 지불방식은 영국 전체에 퍼졌고 여관업이나 술집에선 서비스한 웨이터에 대한 인사치레로 비치된 작은 상자 속에 돈을 몇 푼 씩 넣었던 것이다.

그런데 여관 등에선 상자 속에 되도록 많은 돈을 넣게 하기 위해 'To Insure Promptness 신속을 보장하기 위해'라는 문구를 상자에 써 붙였다. 이 영어의 머리글자만 딴 것이 '팁 TIP'이 된다.

따라서 팁의 근원을 따지자면 목욕탕에서의 피 뽑기 직업에서 유래한 것이라 할 수 있다.

배 크기는 왜 '톤'으로 부르나

배의 규모를 말할 때는 톤Ton으로 표기한다. 그 기원은 생각보다 의외로 오래됐으며 내용 또한 특이하다.

15세기에 영국에서는 배의 크기에 따라 세금을 징수했는데 그 기준은 배에 술통을 몇 개 실을 수 있는가로 정했다.

즉, 톤 단위는 용적 단위가 된다. 그 당시의 나무술통은 용적 252갤런의 술을 채웠을 때의 중량 2,240파운드였다. 일 파운드는 16온스, 453.6그램, 그리고 술통의 숫자를 셀 때 통을 두들기면 '톤!' 소리가 나 술통 5백 개를 실을 수 있으면 5백 톤, 8백 통을 실으면 8백 톤이라 불렀던 것이다.

영국은 중세 때부터 해양대국이어서 배나 항해에 관한 어휘나 명칭에 유난히 많은 유래를 갖고있다.

선박 적재능력의 단위는 영국과 미국이 조금 다르다.

영국의 톤Long ton : 2,240파운드.

미국의 톤Short ton : 2,000파운드.

1918년도 미군탱크
일본군 95式 1940년도

'캐터필러'의 발명

1899년 아일랜드 사람인 존 워커는 전차용 무한궤도, 즉 캐터필러를 발명했다. 이에 따라 각국의 육군은 이것을 어떻게 활용할 것인가를 놓고 고민하면서 전차 개발에 박차를 가했다.

1차대전 때 연합군과 독일군의 전차전에 이어 2차대전 때 일본군은 95식 경 전차를 앞세워 동남아 전선을 단시간에 점령해나갔다. 그러나 "조준안경 속에 미군 전차의 모습이 들어오자 방아쇠를 당겼고 적의 포탑에 '번쩍'하는 섬광이 일어나 '명중이다' 소리쳤으나 적 전차는 끄떡없이 전진해왔다"라는 일본군 전차병의 수기가 말하듯이 연합군 측 전차는 그 개발속도가 빨라 일본군은 모든 전선에서 밀리기 시작했다.

일본 측 95식 전차중량 7.4톤, 37밀리미터 전차포와 97식 중전차중량 15.8톤, 47밀리미터 전차포가 연합군 측 M3 중전차중량 28.5톤, 75밀리미터 전차포, M4 중전차중량 33톤, 76밀리미터 전차포에 상대가 될 수 없었다. 더욱이 M4의 장갑판 두께는 3인치나 됐다고 한다.

어원과 유래

담배의 어원

담배는 신대륙인 미주美洲가 원산지로, 필리핀을 통하여 중국과 일본으로 들어갔다. 우리나라에는 1618년 경에 들어왔다. 원산지 토인의 말을 인용하여 포르투갈 사람들이 '토바코Tobacco'라 불렀으나 일본 사람들이 '타바코'로 불러 발음이 약간 변질되었다.

우리나라에서는 담파고淡婆姑가 되었다가 '담바귀'로 불렸고 다시 '담배'로 줄어들었다. 한때 '남영초南靈草'라고도 하고 차茶와 같은 기호품이라 하여 '신차新茶'라고도 했었다. 담배의 재배가 늘어나자 전라도에선 화봉초花峯草, 평안도에선 서초西草란 이름으로 지역별로 품종을 구별하기도 했다. 18세기 초기에는 청나라에 예물로 보내기도 했는데 황제는 "짐은 담배를 안 태우느니라"고 거절했다고 한다.

그러나 사실은 청나라 사람이 담뱃불의 실수로 화재를 일으키고 사람이 타 죽은 사건이 일어나 청나라 황제가 대로했기 때문이라는 에피소드가 남아 있다.

샌드위치 백작 이야기

빵 사이에 야채와 햄을 끼워 먹는 샌드위치의 명칭은 영국의 샌드위치 백작에서 유래됐다.

도박광이었던 백작이 도박을 하면서도 식사를 할 수 있도록 음식을 새로 만들어낸 것이 샌드위치이다.

한편 당시에 태평양을 탐험하던 제임스 쿡 선장이 1778년에 하와이 제도諸島를 발견했는데, 쿡 선장은 당시의 영국 해군대신이었던 샌드위치 백작의 이름을 따서 샌드위치 제도라고 명명하기도 했다.

따라서 하와이란 명칭의 섬은 그 이전엔 샌드위치 제도가 된다. 쿡은 뉴질랜드·뉴기니·오스트레일리아 등이 독자적인 섬이라는 것을 발견하기도 했는데, 1779년에 자신이 이름 붙였던 샌드위치 제도에서 원주민들의 싸움에 말려들어 죽고 말았다.

진이 CHINA가 돼

진왕^{辰王} '정^政'의 출생에 관한 비밀은 아직까지 정확히 해명이 안 되고 있다. 거상^{巨商} 여불위^{呂不韋}는 임신한 자신의 첩을 왕에게 바쳤고, 이 첩이 왕후^{王后}가 된 후 낳은 아기 '정'이 왕이 되자 여가^{呂哥}를 재상에 앉혔다.

그러나 여^呂가 계속 모후^{母后}와 관계를 갖고 있음을 안 왕이 두 사람 모두 추방했다.

'정'도 자신의 출생 비밀에 의심을 가졌었던 것 같다. 사마천^{司馬遷}의 『사기^{史記}』 속에서도 명기돼 있으니 말이다. 이 무렵부터 '정'은 광폭한 군주로 변해갔고 인접한 6개국 한^韓·조^趙·연^燕·위^魏·초^楚·제^齊를 차례로 멸망시켜 중국 통일의 대업을 달성한 후 자신을 시황제^{始皇帝}라 부르게 했다.

북방의 여러 나라들이 지어놓았던 장성^{長城}을 기초로 만리장성을 만들어 유목민의 남침을 막았고 국토의 남쪽은 베트남까지 이르렀다. '진^{秦, 중국 발음은 Chin}'의 명칭은 곧 유럽에까지 알려져 중국을 치나 또는 차이나로 부르게 됐던 것이다.

잉글랜드의 어원은 어디서?

영국 본토인 브리테인 섬이 로마시대에 로마의 지배를 받고 있을 땐 브리테니아로 불렸다. 그 당시의 로마제국은 게르만족 용병을 쓰고 있었다. 그 게르만인의 사령관이 반역죄로 처형되자 용병들이 일제히 일어나 결국 로마는 멸망의 길로 들어선다.

5세기 때 로마의 정규군이 영국에서 철수하자 앵글족, 색슨족, 주트족, 세 개 부족이 독일로부터 영국에 이주하기 시작했다.

이 침입자들은 문자文字를 잘 몰라 기록을 남기지 못해 5~6세기 때의 양상을 분명하게 알 수 없다. 그들은 여지껏 살고 있던 켈트족을 내쫓고 정착함으로써 '앵글로 색슨'족이 됐다. 이들이 영국인의 조상 격으로 6세기 말엔 일곱 개의 왕국으로 독립했다.

그래서 이 섬을 '앵글인의 토지Angles Land'라 불렀고 그 발음을 따서 '잉글랜드ENGLAND'가 된 것이다.

어원과 유래

히로뽕의 유래

제2차 세계대전 때 일본 공군은 B-29폭격기의 수도권 야간폭격에 대비해 매일 밤 출격했다.

하늘의 요새 B-29기의 '보조동력장치용 연료탱크'를 노려 격추시키는 것에 천재로 알려진 구로도리黑鳥 소위는 매일 밤 출격에 지쳐 있었다. 이즈음 한 군의관이 소위에게 주사를 놓으면서 '밤에도 잘 보이는 독일 수입의 암시暗視호르몬'이라는 신비의 약이라고 일러주었다.

의무과 위생병사들은 이 약을 맞으면 '히로피로의 일본말가 뽕! 하고 회복된다'고 해서 이 약을 '히로뽕'이라고 불렀다.

이것이 마약의 일종으로 중독되면 정신분열 증상이 나타난다는 것을 알게 된 것은 종전 후의 일이다. 당시의 야간 전투조종사들은 "밤눈의 효과는 별로 없었고 다만 일시적 공포심이 없어지고 머리가 냉철해지는 것 같았다"고 말하고 있다.

말하자면 일본군 고위층은 조종사의 몸을 일종의 소모품으로 알고 그들을 속였던 것이다.

'노벨상' 탄생의 비밀

 스웨덴 스톡홀름에서 알프레드 B. 노벨은 유럽 여러 나라에서 어학과 기계공학을 배우고 폭약 제조업을 하던 아버지의 일을 돕다가 다이너마이트를 발명했다. 노벨은 각국으로부터 다이너마이트 특허를 따내 엄청난 부호가 되었다. 만년에 심장병 치료차 파리에서 요양하고 있었는데, 마침 그의 형이 사망하자 몇몇 신문이 잘못 알고 '화약왕 노벨 사거死去'라 대서특필을 한 오보誤報를 냈다.

 이 보도를 접한 사람들은 '아! 죽음의 상인商人이 갔구나'라며 화젯거리로 삼았다. 탄광이나 굴을 파는 데 쓰는 다이너마이트를 발명했으니 인류에 공헌 한 것으로 알고 있었는데, 그것이 전쟁의 살상 도구로 쓰여 '죽음의 상인'으로 불려진다는 걸 알게 된 노벨은 퍽 실망했다. 그래서 생각해낸 것이 '인류 최대의 행복에 공헌한 사람에게 주는 상'이라 해서 '노벨상'을 만들었고, 1896년 2월에 사망한 후 5년이 지난 1901년부터, 그의 유산을 기금으로 한 '노벨상'이 출범한 것이다.

어원과 유래

미국 금융 중심가 월가의 명칭은?

미국의 경제중심지인 뉴욕 맨해튼 섬은, 1626년 네덜란드 식민총독 인디언의 카나시족으로부터 60길더약24달러 상당의 나이프와 구술 등 잡동사니와 교환해 구입한 땅이었다.

현재 맨해튼 섬의 고층빌딩을 포함하면 100억 달러 이상이 되는 이 땅은 거저 얻다시피 한 것이나 다름없다.

맨해튼 섬의 남쪽엔 미국 금융의 중심부인 월 스트리트가街 자리 잡고 있음은 누구나 아는 사실이다.

당시 인디언의 습격을 막기 위해 성벽Wall을 축조했던 자리였던 까닭에 지금까지도 월 스트리트로 불리고 있다.

아마도 카나시족 이외의 인디언족들은 이곳이 네덜란드인의 소유지라고 인정하지 않았던 것 같다.

진수식 때 샴페인을 왜 터뜨리나

옛 배꾼들은 폭풍우를 만나면 바다신(神)의 노여움으로 알고 그 노여움을 풀어주기 위해 산 사람을 바다에 처넣고 공양을 했었다. 인당수에 몸을 던진 심청이 이야기는 동양에만 국한됐던 것은 아니었다.

그러다 보니 폭풍우 때마다 희생물을 바치느니 폭풍 전에 아예 희생물을 바치자는 뜻으로 사람의 피와 같은 색깔의 포도주병을 뱃머리에 팽개쳐 깨는 관행이 생겼다.

과학문명이 고도로 발달한 요즘 해신(海神)의 존재를 믿는 이는 없으나 이러한 오랜 관행을 아예 없애는 것도 섭섭(?)한 것 같아 포도주병에서 샴페인병을 깨뜨리기로 바꾸어 지금까지 진수식(進水式) 때마다 전해오고 있다.

기상학이 발달한 요즈음에는 폭풍우도 예견할 수 있으나 옛날엔 조용하던 바다가 돌연히 요동을 치면 곧 해신의 노여움으로밖엔 해석이 안 되었던 것이다.

어원과 유래

피라미드는 이집트 말이 아니었다

고대 이집트의 분묘를 피라미드Pyramid라고 부르지만 이 어원은 그리스어의 피라미스Pyramis에서 나온 것이다.

피라미스는 세모꼴형의 빵을 말했는데 정삼각형 추錐의 건조물을 부르는 말이 되었다.

이집트란 국명도 그리스어의 고도古都란 뜻 '아이기프토스'가 변한 것이며 나일강도 그리스어의 '네이로스'에서 유래됐다.

옛날에 수많은 그리스인들이 이집트를 찾아가 거기서 본 사물에 대해 그리스의 명칭을 붙였는데 이 명칭이 유럽으로 퍼져 굳어져버린 것이다.

그럼 고대 이집트인은 무엇이라 불렀을까? 그들은 피라미드를 '무루또는메루', 즉 승천하는 장소라 불렀다.

또 그들의 나라를 '게무트검은생 대지' 또는 '다메리홍수의 나라'라고 불렀으며 나일강은 '하삐'라고 불렀다.

캘린더의 어원은 빚 장부?

'시간은 돈이다'란 격언은 상당히 옛날부터 내려오던 말로 '시간은 인간이 소비할 수 있는 것 중에서 가장 중요한 것'이라고 말한 고대 그리스의 철인^{哲人} 디오게네스의 설이 정설로 돼 있다.

시일^{時日}의 척도^{尺度}를 나타내는 캘린더의 어원은 라틴어의 '칼렌다리움'에서 나온 것으로 칼렌다리움이란 로마시대엔 빚대장^{台帳}, ^{장부}을 의미했다.

로마시대 때 빚의 이자는 매월 첫날인 '칼렌다에^{Kalendae}'에 지불하는 데서 나온 것으로 알려져 있다. '시간은 곧 돈이다'라면서 빚을 진 로마인들은 그 당시 이미 만들어져 있던 태양력^{太陽曆}과 빚대장을 넘기면서 중얼거렸을 거고, 이자를 받는 쪽에서도 '시간은 돈이다'라고 빚대장을 한 장 한 장 넘기면서 중얼거렸을 것 같다.

지금도 주식투자를 한 개미군단의 한 사람은 역시 같은 말을 중얼거리며 주식시세표를 쳐다볼 것 같다.

어원과 유래

유니버시티대학의 어원

옥스퍼드가 라틴어의 '일반연구소'란 명칭으로 불리게 된 것은 1163년경 부터였다. 연구실이나 도서관이 없었던 대학은 단순히 학생들이 교사의 강의를 듣는 단체에 불과했다. 여기에 학생들은 이곳저곳 민가에 하숙을 해서 시민들과 분쟁이 자주 일어났다.

1209년 옥스퍼드에서 어느 학생이 부인을 살해하고 도망가는 사건이 발생하자 성난 시민들이 범인과 같은 민가에 하숙하던 학생 두 명을 잡아 교수형에 처해버렸다. 여기에 항의해서 다수의 교사와 학생들이 케임브리지로 옮겨 갔고 그곳에서 '일반연구소'의 형태를 갖추게 되었다.

프랑스의 파리대학이나 이탈리아의 볼로냐대학도 12세기경부

한국의 대학
대학 교육의 발달은 중국의 영향을 받아 372년 고구려 소수림왕 때 국립대학인 태학을 두어 경학經學·문학·무예를 가르쳤고, 신라는 551년 국립대학인 국학을 설립하여 서경書經을 가르치는 외에 천문·의학 등을 교육하는 직업교육기관을 설치해 운영하였다. 고려시대에는 국자감을 설립하여 신라의 교육과정을 계승하였고 최충崔沖의 구재九齋는 사립대학으로 크게 발달하였다. 조선시대 성균관은 유교와 관리의 고등교육기관이었다. 한말 및 일제강점기에는 사립으로 세브란스지금의 연세대학교 의과대학 전신, 보성지금의 고려대학교 전신, 이화지금의 이화여자대학교 전신, 연희지금의 연세대학교 전신, 불교중앙학림佛敎中央學林, 뒤에 혜화, 지금의 동국대학교 전신, 숙명지금의 숙명여자대학교 전신 등의 고등교육기관이 전문학교라는 이름으로 설립되었다. 대학이라는 명칭으로 설립된 것은 일본 정부가 설립한 경성 제국대학지금의 서울대학교 전신뿐이었으나, 광복 후 전문학교가 모두 대학으로 승격하였고, 그후 많은 국립대학과 사립대학이 각지에 설립되었다.

터 이미 설립돼 있어서 8백 년의 역사를 지닌다. 대학을 영어로 유니버시티라고 부르는 것은 '우니베르시타스Universitas'란 길드동업자의 조합의 별명을 학생단체에서 쓰기 시작한 데서 유래한다. 당시의 학생들은 고향을 멀리 떠나와 의지할 곳이 없어 상호간의 협조를 위해 조합을 만들 필요성이 있었다.

강의는 교사의 집이나 교회 등을 이용했고 상류층 자제보다는 가난한 승려들이 대부분이었다.

어원과 유래

일본 국명의 유래는?

한국을 영어로 '코리아Korea'라고 부르는 것은 '고려'국의 명칭에서 유래되지만 일본을 '재팬Japan'이라 부르게 된 것은 마르코폴로의 『동방견문록』에서 '지팡그황금의 나라'로 부른 데서 연유된다.

옛적 일본에서는 일본을 오오야시마大八洲 또는 아끼쓰시마秋律島, 야마토大和라 불렀고 복잡한 명칭으로는 '도요아시하라노 미즈호노구니'라고 부르기도 했다.

그러나 한국이나 중국에선 왜倭라고 불렀다. 일본에서 가장 오래된 성문법成文法인 〈대보율령大寶律令〉에서 '일본日本'이라고 쓰고 '히모노토'로 부르기도 했는데 나라奈良시대 때엔 '니호무'라 부르기도 했다. 이것을 동국東國 지방 발음인 '니혼' 또는 '닛뽕'이라 부르게 된 것이다.

현재는 어느 쪽으로 불러도 되지만 예외적으로 일본교日本橋나 일본서기日本書紀만은 '니혼바시'와 '니혼쇼키'로 불러도 된다.

조장의 유래

지금도 네팔의 고산지대에 가면 조장鳥葬을 볼 수 있다. 인도의 서해안 쪽과 네팔지방에 사는 이란계 파루시족 사이에는 사람이 죽으면 그 시신을 산 속 장송대葬送坮에 눕혀 새들에게 시신을 쪼아먹게 하는 장례를 치르게 된다. 파루시족에게 예부터 내려오는 조로아스터교의 가르침에서 유래된다.

이 종교는 기원전 7세기경 페르시아의 성인 조로아스터가 퍼뜨린 것으로 '세계 선善의 신 아후라마즈다와 악의 신 아리만과의 끝없는 전투로 이어져 간다'란 내용으로 선의 신은 빛으로 상징되며 빛을 내는 불은 곧 신성하다는 것이다.

따라서 더러운 시신을 신성한 불로 태울 수는 없기 때문에 조장으로 치르게 된 것이다.

때로는 새들이 먹기 쉽게 하기 위해 해골을 부숴주기도 한다. 이 종교는 배화교拜火敎라고도 불린다.

신身, 노老, 질疾, 란卵, 도島의 뜻

한문에서의 신身 자는 남녀 어느 쪽이든 간에 신체를 말하지만 원래는 임신한 여성의 몸 형태에서 나온 글자다. 즉 임산부를 옆에서 본 모습이었던 것이다.

또 노인의 노老 자 윗부분은 수염을 지닌 사람을 뜻하고 아랫부분은 사람이 거꾸로 된 모습즉 죽음을 나타낸 것이다.

질병의 질疾 자는 처음엔 '노大' 자와 '실矢' 자가 합해져 된 것으로 '大' 자는 사람을 뜻하고 '矢' 자는 화살을 말하는데 사람의 옆구리에 화살을 맞은 형태가 되는 것이다.

또 알을 말하는 란卵은 일반적으로 닭의 알이나 새의 알로 알려져 있으나 실은 남성이 지닌 알 같은 형태, 즉 고환의 형상에서 나온 것이다.

섬 도島 자는 그 어원이 산山이 바닷속에서 튀어나온 위에 바다새鳥가 머문다는 뜻에서 나온 것으로 알려져 있다.

설렁탕의 어원

고려는 불교를 국교로 삼고 있어서 그 교리에 의해 광종光宗 19년968에 도살 금지령이 내려졌고 문종文宗 20년1069에 3년간이나 도살 금지령이 내려졌었다.

그러다 몽고의 침입을 받아 110년이나 그들의 지배 하에 있었는데, 그동안 식생활에 변화가 일어나 도살이 되살아났지만 그 방법이 퍽 서툴렀다.

'양이나 돼지의 네 다리를 묶어 불 속에 던져 죽기를 기다려 털을 떨군 후 물에 씻고 배를 갈라 내장을 뽑아내는데, 잘못하면 오물이 흘러나와 고기에 섞여, 끓이거나 구워도 냄새가 고약했다'고 12세기 초에 송宋나라 사신이 보고 간 기록에 남아 있다.

쇠고기를 맹물에 삶는 걸 '설렁탕'이라 부르는데, 이 말은 몽고의 '술루'에서 연유된다.

즉 술루탕이 설렁탕이 된 것이다. 설렁탕이란 요리법도 몽고의 영향을 받아 고려에 퍼진 것이다.

어원과 유래

서커스의 어원

3세기께 로마인들의 공휴일은 무려 2백 일이나 됐다. 연중 반년 이상이 노는 날이 되는 셈인데, 그중 175일간은 콜로세움에서 벌어지는 검투사들의 결투와, 파라치누스 언덕에 있는 대경기장에서의 전차경기영화〈벤허〉에서 연출 등을 보는 것이었다.

이 경기장은 라틴어의 키르쿠스Cir-cus로, 이 말이 영어의 서커스로 변한 것이다.

또 부유한 로마시민들의 연회장에 가면 반드시 손님들에게 구토제嘔吐劑를 나누어주었다.

앞으로 나올 맛있는 걸 먹기 위해 여태까지 먹었던 음식을 토해두자는 취지였는데, 토하는 곳을 화장실같이 별도로 마련해두기도 했다.

이러한 풍요로운 생활을 영위케 해준 것은 로마시민들 수효보다 엄청나게 많은 노예들의 노동력 때문이었다.

적십자기, 스위스 국기에서 본따

국제적십자사는 전상환자가 적이건 아군이건 간에 구별 없이 간호하자는 뜻을 모아 1864년 스위스 제네바에서 16개국의 정부 대표가 모여 협정·조인함으로써 발족됐다.

흰 바탕에 빨간 적십자사의 심볼이 적십자의 상징이 된 것은 이 회의를 주최한 스위스에 경의를 표하기 위해 빨강 바탕에 흰 십자가 그려진 스위스 국기를 반전反轉시켜 표시한 것이다.

스위스의 실업가 J.뒤낭은 1859년 이탈리아를 여행할 때 통일전쟁 현장에서 아무에게도 도움을 못 받고 신음하고 있는 전상병자들의 참상을 목격하고 부랴부랴 동지들을 규합, 간호에 손을 쓰게 된다.

이때를 계기로 인도주의적 입장에서 부상자들을 무조건 간호, 구제하자는 목적으로 적십자사가 출범했던 것이다.

어원과 유래

쪽발이의 어원?

1923년 9월 1일 일본에선 관동대지진이 일어나 동경시를 폐허로 만들었고 사망자 수는 십만 명에 이르렀다.

전기·통신·교통 등 도시 기능은 마비됐고 집을 잃은 사람들은 공원에 몰려가 천막이나 판잣집을 짓고 온 도시엔 도시부흥작업에 종사하는 일꾼들로 들끓었다. 이 일꾼들에게 폭발적인 인기를 끈 것이 지까다비地下足袋였다.

사무라이 시대 때의 흰색 다비는 게다를 신어야 했으나 지까다비는 검고 질긴 천으로 된 것이어서 따로 신발이 필요 없고 간편하고 작업하기에 아주 편리했던 것이다.

이 모양이 흡사 돼지의 족발을 닮은 것이어서 한국인들은 일본인을 비하하는 대명사로 '쪽발이'라 부른 것이다.

규슈九州 구루메시市의 다비업자 이시바시石橋正二郎는 이 붐으로 인해 일본 최초의 자동차 타이어 공장을 설립하기도 했다.

최초의 미인 콘테스트

1888년 9월 19일 벨기에에서 유럽 최초의 미인 콘테스트가 열렸다. 350명의 참가자를 대상으로 먼저 사진심사를 거쳐 21명을 선발했다.

수영복 차림은 아니었고 궁중패션으로 나오되 남성들이 일일이 에스코트해서 입장했다.

1등은 18세의 B. 스칼렛 양이 뽑혔고 그녀는 곧 배우로 이름을 날렸다.

1921년 미국에서 미인 콘테스트가 열렸을 때에야 비로소 수영복 모습으로 나오게 되어 그 육체미에 점수를 매기게 되었다.

만약 그때에 여권운동가들이 있었다면 대대적인 반대운동이 일어났을는지도 모른다.

어원과 유래

법정의 촬영금지

피의자가 버스 등으로 재판소에 도착해 법정으로 들어가는 과정까지는 사진촬영이 되지만 일단 법정에 들어서면 촬영은 금지된다.

'피고나 증인에게 과도한 심리적 압박이 가해지면 공정한 심리가 방해될 수 있기 때문에', '유죄가 확정되기 전까지 피고인의 초상권 보호를 위해서', '법정의 신성함을 유지하기 위해서' 등이 그 이유가 된다.

그래서 언론사들은 화가로 하여금 법정 스케치를 하게 해서 보도한다. TV 등에서도 볼 수 있지만 피의자가 법정에 들어가기 직전 보도진에 의한 플래시 세례를 받는 광경은 당사자로 하여금 상당한 압박감을 받게 한다.

다만 화가는 일정한 거리를 두고 펜을 조용히 움직이기 때문에 정신적인 피해가 극히 희박할 것이다.

색色은 여색女色에서?

색色이라 하면 'Color'로 알기 쉬우나 이 문자의 기원은 '宀'과 '巴'을 합친 것으로 그 어느 쪽이든 간에 사람의 몸을 뒤튼 형상이 된다.

사람과 사람이 몸을 뒤틀고 위와 아래쪽에 겹쳐 있다면 남녀의 정사情事를 나타내지 않는가. 중국에서 '색'은 남녀의 섹스 자체를 뜻했던 것이다.

그리고 섹스의 대상은 아름다운 쪽이 좋다는 뜻에서 여성의 얼굴이나 스타일이 아름답다는 것을 표현하는 색, 즉 'Color'란 의미까지 지니게 된 것이다.

영웅은 전쟁에서 정력적으로 싸우는 것으로 보아 여성에 대해서도 강한 게 틀림없다 하여 '영웅은 색을 좋아한다'란 말까지 곁들여 생긴 것이다.

어원과 유래

샐러리맨의 어원은?

Salary월급에다 Man을 붙여서 만들어진 것으로 알려져 있으나 이건 일본식 영어가 된다.

Salary의 어원은 라틴어의 Sal소금에서 유래된다. 고대 로마시대 때, 군인들의 급료는 소금으로 지급되었었다. 이집트, 메소포타미아, 인도, 중국의 고대문명기원전 3~4천 년의 중심지엔 반드시 소금의 산지가 있었다.

제조의 기술이 원시적이었던 당시 소금은 상당한 귀중품이었다. 조미료로서만이 아니라 음식의 보존을 위해서도 불가결한 필수품으로 이것이 없으면 멀리 원정을 떠날 수도 없었다.

고대 로마는 유럽 각지에서 소금을 수입하기 위해 도로를 새로 건설하기까지 했다. 그래서 이탈리아에서 가장 오래된 도로의 이름도 '소금의 길Via salaria'이다.

은행銀行과 금행金行

은행Bank의 어원은 12세기경 북이탈리아에 생긴 환전상이 기다란 책상을 사용했고 이 기다란 책상을 '방코Banco'라 부른 데서 유래된다. 지금도 이탈리아, 스페인, 포르투갈에선 은행을 '방코'라 부른다.

이것을 일본에서 은행이라 부르게 된 것은 1872년경 미국의 '국립은행법'을 토대로 '국립은행조례'를 만드는데 '은행'으로 번역한 데서 시작된다.

처음엔 중국어의 점포란 뜻이 되는 '행行'을 붙여서 '금행金行'이나 '은행銀行'으로 하자는 데에 의견이 일치했다. 이걸 가지고 다시 어느 것으로 택하느냐 의견이 분분했으나 '금행'보다는 '은행'이 어감이 좋다는 결론이 내려졌기 때문이다. 그 이상의 깊은 사연은 없다.

스탄과 X마스

아프가니스탄, 우즈베키스탄, 파키스탄 등 '스탄'이란 말이 붙는 중앙아시아 국가가 많다.

페르시아어로 '스탄'이란 '~의 장소'란 뜻이고, 정확하게는 '이스탄'이 된다.

우즈베키스탄은 '우즈베그'의 '장소'를 의미한다. 현재 페르시아어는 이란과 아프가니스탄의 일부 지역에서만 쓰이며, 과거 그 힘을 과시했던 지역의 지명으로 남게 된 것이다.

페르시아어로 장미를 뜻하는 '고루'에 '스탄'을 붙여 '고레스탄'이라고 하면 '장미원園'이 된다.

한편 12월 25일을 예수의 탄생을 축하하는 날로 'Christmas'로 부르지만 'X-mas'라고도 한다.

그리스어로 예수를 'Khristos'라고 쓰는데 그 머리글자의 'K'가 그리스문자로는 'X'가 되기 때문에 16세기께부터 'X-mas'로 쓰여 온 것이다.

제3장

유식有識한 잡학

브뤼셀 명물 '소변 보는 어린이'

벨기에의 수도 브뤼셀에 가면 그랑플라스 광장 한편에 어린이가 서서 소변 보는 모습이 브론즈상(像)으로 만들어져 있다. 고추에선 연못을 향해 시원한 물줄기가 끊임없이 쏟아져나오고 있는데 이것이 그 유명한 '소변 보는 어린이'이다.

벨기에 특산물로 만들어진 중·소형 브론즈상은 관광객이 가는 곳이면 어디서나 팔고 있다. 옛날에 브뤼셀이 스페인군에 의해 점령되었을 때, 현재 동상이 서 있던 자리에 살고 있던 어린이가 창가에 서서 오줌을 좍 갈기자 그 밑에 서 있던 완전무장한 스페인군 보초가 놀라 달아났고 이를 본 시민들이 갈채를 보낸 데서 유래 됐다는 설이 있다.

또 브뤼셀이 전화에 휩싸여 불붙고 있을 때 침착하게 불을 향해 오줌을 누던 어린이가 있었다는 유래도 있으며, 어느 부자가 어린 아이를 잃었다가 찾았는데 그때 어린이가 소변을 보고 있어서 그 모습을 조각해 시(市)에다 기증 했다는 세 가지 설이 있다.

살아 있는 인쇄기계 발자크

19세기 프랑스의 소설가 오노레 드 발자크 1799~1850는 평생을 빚과의 전쟁(?)으로 보낸 작가였다. 출판사 경영으로 '모리엘 전집'을 출판해 적자를 내게 되자 그것을 메우기 위해 인쇄소를 차렸으나 더 큰 적자를 내게 됐다. 눈덩이 같이 불어난 이자를 갚기 위해 하룻밤에 커피 50잔을 마셔가며 닥치는 대로 써 갈겼기 때문에 '살아 있는 인쇄기계'란 별명을 듣기도 했는데, 20세 연상의 애인 베르니 부인이 도와주기도 했다.

33세 때에는 폴란드의 '한스가' 백작 부인에게 반해 연정을 품었다. 18년 만에 백작이 죽자 둘은 마침내 결혼에 골인했지만 이미 나이는 51세에 이르렀다. 1850년 3월 결혼식을 올리고 신혼여행을 다녀오는 등 5개월을 정신없이 지내다가 8월 19일에 발자크는 지나친 과로로 체력의 한계에 다다랐는지 돌연히 사망했으니 밀월기간은 불과 5개월밖에 안 된다.

그러나 발자크는 『골짜기의 백합』, 『인간 희극』 등 주옥같은 작품을 남겨 오늘날까지도 '문호'라고 불리고 있다.

코브라의 춤

인도 명물 '코브라의 춤'은 머리에 터번을 감은 뱀꾼이 피리를 불면 이 소리에 맞춰 뱀이 춤을 추는 묘기이다.

하지만 코브라에겐 귀가 없기 때문에 피리소리를 들을 수 없으며 따라서 피리소리에 맞춰 춤추는 게 아니다. 뱀꾼이 발로 땅을 차거나 뱀이 들어 있는 바구니를 흔들어서 자극을 주면 이에 흥분한 뱀이 고개를 쳐들고 손놀림과 피리의 움직임을 보고 그것을 노리고 몸을 흔드는 것이다.

즉 즐거워서 움직이는 게 아니고 진동에 민감한 특성에 따라 고개를 쳐들고 달려들 자세로 몸을 흔드는 것인데 이것이 춤을 추는 것으로 보이는 것이다.

인도 코브라는 목 밑이 넓게 퍼져 있고 거기엔 안경 모양 무늬가 있어서 '안경코브라'라고도 부른다. 목 아래 넓어지는 부분엔 늑골肋骨이 길게 붙은 것으로 흥분하면 그것을 펼쳐서 적을 위협한다.

유식한 잡학

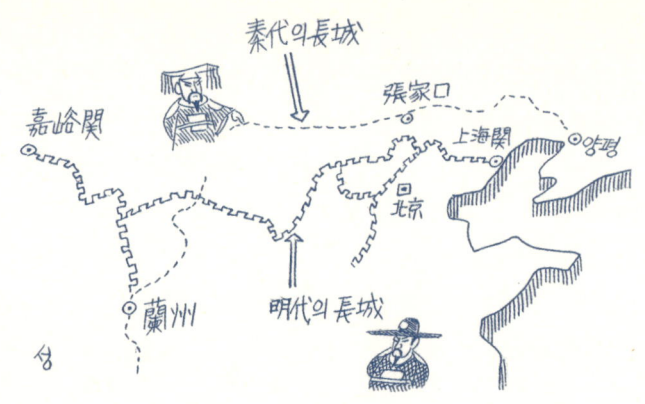

고대 만리장성은 흙덩이로 빚은 성

인류가 만들어낸 최대의 건조물로는 만리장성을 들 수 있다. 중국 북부에 길게 뻗은 성벽의 길이는 약 2천7백 킬로미터로 일본의 북해도에서 구주까지의 길이보다 길다. 북방 유목민의 침입 약탈을 막기 위한 성벽으로 진나라 시황제가 지은 것으로 알려져 있다.

그러나 실은 그 이전에 전국시대에 여러 나라 연燕·조趙·위魏·초楚가 이미 건조해놓은 성을 연결시켜 완성한 것에 불과하다. 따라서 진나라 몫의 유적은 일부에 불과하며 그 정확한 위치조차 분명치 않다. 그 후에 몇 번인가 증·개축했지만 현재의 장성은 명나라 대에 만들어진 것이다.

고대의 장성은 흙을 굳혀 만든 게 대부분이고 명나라 대의 것은 북경을 지키기 위해 동부 쪽은 특히 단단한 벽돌로 만들었으며 최고 높이는 9미터가 되는 곳도 있다. 서부 쪽에는 고대 성벽의 흙을 굳히는 방법 등이 다양했다.

캥거루

오스트레일리아는 고대로부터 '테라 아우스트랄리스'로 불리다가 1817년 보다 간편하게 오스트레일리아로 불렸고 1901년에 정식 국명으로 채택됐다.

영국인이 호주에 처음 상륙해서 캥거루를 보고 아보리진토착민에게 "저게 무슨 동물이요?"라고 물었다.

그러자 아보리진은 토착말로 '모른다'는 뜻으로 "캥거루 캥거루"라며 손짓을 했고, 이에 영국인은 동물 이름이 '캥거루'인 줄 알고 이후 캥거루로 부르게 됐다는 일화가 있다.

유대목有袋目과에 속하는 캥거루는 태어나면 어미의 뱃주머니 속에서 젖을 빨면서 반 년에서 일 년가량 지낸 다음 독립한다.

캥거루는 사람이 만져도 가만히 있으나 꼬리를 밟으면 뒷발로 껑충 뛰어올라 턱뼈를 부러뜨릴 수도 있다.

유식한 잡학

미터우나상으로 메워진 사원

인도의 점성술엔 쌍둥이 좌座가 있고 이것을 미터우나라고 부르지만 성교性交라는 뜻도 된다.

민간신화 속엔 '태고에 이 세상엔 남녀가 붙어 있는 커다란 한 사람밖에 없었는데 그는 고독감을 메우기 위해 자신의 몸을 두 개로 쪼개서 남과 여로 나누어 아기도 만들고 즐겁게 살아가게 되었다'란 내용이 있다.

민간신앙에선 카마Kama, 성교를 예찬했고 이것을 자신의 집 기둥에 조각해놓고 '쌀 수확을 위해', '새 생명의 탄생을 위해' 부적으로 삼았던 것이다.

쌍둥이 좌의 전설
제우스의 쌍둥이 아들 카스토르와 폴룩스는 신의 아들답게 힘과 용기 그리고 전투에 능했으며 특히 동생 폴룩스는 불사신의 몸을 가지고 있었다고 한다. 이들이 황금양파를 얻기 위해 항해를 하던 중 갑작스런 폭풍에 휘말려 사람들의 목숨이 위태로울 때 음악의 천재 오르페우스가 신들에게 기도를 올리며 하프를 뜯자 폭풍우가 멎으며 두 쌍둥이 형제의 머리 위로 빛나는 별들이 나타났다고 한다. 이를 본 사람들은 쌍둥이 형제가 하프소리에 감동하여 폭풍우를 멈춘 것이라 생각하여 모험가들의 수호신으로 생각하게 되었다. 그후 두 형제는 아름다운 두 자매를 사랑하게 되고 그 아가씨들의 약혼자와 싸움을 하게 되었는데 동생은 불사신의 몸이라 무사했으나 형이 심한 부상으로 죽게 되자 동생은 슬픔을 이기지 못하고 아버지 제우스를 찾아가 죽음을 부탁했다. 형제애에 감동한 제우스가 두 쌍둥이 동생을 하늘의 별자리로 올려 밝은 두 개의 별을 만들어 놓았다고 전한다.

BC 3세기 아소카왕 시대에 신자들에 의한 사원의 건립이 늘어났다. 그 사원은 스님이 만드는 것이 아니고 민간인 건축가와 조각가에 의해 세워졌는데 강력한 정령精靈 즉 미터우나상像을 새겨놓게 되었다.

이것이 힌두교 사원엔 더욱 두드러져 미터우나상으로 전체를 메워버리게 되었는데 이것은 '인도 벼락의 신은 부끄러움을 잘 타는 처녀신으로 성교하는 상을 보면 근접하지 못한다'란 뜻의 '풍요'와 '남녀의 화합和合', '사업번창'의 뜻까지 곁들여진 것에서 비롯되었다.

유식한 잡학

'코알라'는 물을 마시지 않는다는 뜻?

오스트레일리아 남동부 유칼리 삼림지대에 주로 사는 동물로 코알라가 있다. 꼬리가 거의 없고 앞뒤 발가락은 나뭇가지를 잡는데 알맞게 발달해 있다. 낮에는 나뭇가지 사이에서 잠을 자고 밤에 천천히 행동한다. 유칼리 나뭇잎을 먹기 위해서다.

다른 동물을 잡거나 경쟁할 일이 없으므로 행동이 느리며 온순한데 그 모피 때문에 사냥감이 되어 피해를 받다가 정부의 보호를 받게 됐다.

물을 마시지 않고 나뭇잎만 먹기 때문에 처음 이 동물을 발견한 유럽인이 아보리진토착민에게 이름을 물어보자 토착민 언어로 '물을 마시지 않는다'는 뜻으로 '코알라'라고 하자 그걸 보통명사로 착각해 계속 '코알라'로 부르게 됐다.

유칼리 나뭇잎엔 알코올 성분이 함유돼 있어 이걸 먹은 코알라는 계속 낮잠을 자게 된다.

터번의 종류

인도에서 여성은 베일로 몸을 감싸고 남성은 머리를 터번으로 감싼다.

태양열이 강한 데에서는 자외선을 차단해주고 열사병으로부터 지켜주기 때문이다. 기온이 40도가 넘으면 뇌가 삶은 계란같이 응고되기 시작해 죽음에 이른다.

아리아인어란계은 기원전 2세기 때부터 터번을 감았고, 간다라 2~3세기시대엔 터번을 금은 세공품으로 장식하는 게 유행이 되기도 했다. 시대의 흐름에 따라 터번은 더욱 다양화됐고, 민족과 계급·종파·직업에 따라 다르게 나타났다.

요즘 인도에서의 터번은 서북부지방의 라지푸트 족과 시크 족의 터번이 유명하다. 엷은 면으로 폭은 20~100센티미터, 길이는 4~20미터까지 다양하다. 동부와 남부 쪽에선 본격적으로 터번을 감지 않고 숄을 머리에 간단하게 감기도 한다.

유식한 잡학

입성入城은 천천히

일본력 경응4년 정월[1868]. 도쿠가와德川 막부군은 왕정복고王政復古를 내세우고 거병한 지방 연합군과의 전투에서 패하자 그들의 거성인 대판성大阪城을 비워두고 후퇴해버렸다. 성안엔 무사들의 저택이 즐비했고 주인 없는 가재도구가 고스란히 놓여 있어서 대판 사람들은 그들의 옛 주인이 살던 성안에 물밀듯이 몰려가 가재도구·의류·집기를 약탈하곤 했었다.

곧 지방연합군인 쵸오슈長州군이 진주해왔으나 웬일인지 입성은 안 하고 성 밖에 진을 치고 휴식을 취하고 있었다. 눈치를 보던 대판 주민들은 다시금 성안에 몰려갔는데 돌연히 두 군데에서 굉장한 굉음이 나면서 흙먼지 속에 사람들이 공중으로 높이 튕겨져 올라가는 것이었다. 쵸오슈長州군은 성안에 지뢰가 묻혀 있다는 정보를 미리 입수했기 때문에 시민으로 하여금 제거(?)토록 했던 것이다. 그런 다음에야 그들은 입성했고, 곧 약탈금지령을 포고하고 무뢰한들의 두목들을 불러들여 목을 베고 높은 곳에 매달았다.

'대머리왕 루이 13세'가 가발 붐 일으켜

루이 14세의 초상화를 보면 치렁치렁한 머리칼이 어깨나 가슴까지 내려와 있는 것을 볼 수 있다. 이것은 자신의 머리가 아닌 가발로 남성에게는 위엄을 나타내는 상징이었다. 가발은 고대 이집트시대 미라에서도 발견되었고 이런 풍습은 그리스나 로마시대에도 있었다. 하지만 가발의 본격적인 전성시대는 아무래도 17~18세기 프랑스가 아닌가 한다.

젊었을 때부터 대머리였던 루이 13세가 쓰기 시작하자 루이 14세는 대머리가 아닌데도 가발을 애용했다. 그렇게 되자 궁중에 있는 남자는 물론 여자들도 화려한 가발을 주문해 쓰기 시작해서 별의별 가발이 다 나돌았다. 특히 귀부인들의 가발은 길이가 일 미터가 넘는 것까지 나타나 미용사가 의자 위에 올라서서 손질을 하기도 했다. 그러나 19세기 이후부터 쇠퇴하기 시작, 지금은 전통적 고전古典 가발을 쓰게 돼 있는 영국의 하원의장과 재판할 때 판사가 쓰고 있을 뿐 세계적으로는 대머리 신사들의 애용물(?) 정도로 사용되고 있다.

유식한 잡학

경호원이 술집 간 사이 암살된 링컨

남·북전쟁을 승리로 이끈 링컨 대통령은 전쟁이 종결된 지 닷새 후인 1865년 4월 14일 허무하게 암살됐다.

링컨 부부는 워싱턴의 포드극장 2층 귀빈석에서 희극을 보고 있었다. 귀빈석 밖 복도에는 단 한 명의 경관이 경호를 하고 있었는데 공교롭게도 그는 무책임하고 게으른 술꾼이었다.

그가 극장 옆 술집에 가 있던 밤 10시경 괴한이 복도 문을 열고 귀빈석에 들어와 일 미터 앞에 앉아 있는 링컨의 뒷머리에 권총을 발사했다. 총성에 관객들이 놀라 주위를 살필 때 괴한은 무대로 뛰어내려 사라졌다.

극장 근처의 민가에 실려간 링컨은 그 이튿날 아침 숨을 거둔다. 암살자는 '존 윌크스 부스'란 삼류배우로 광신적인 남부 애국자였다. 그는 숨어 있다 4월 26일 발각돼 사살됐고 공범자도 체포되어 형을 살았다.

총살 직전에 살아난 '문호'

『죄와 벌』, 『백치』, 『카라마조프의 형제』 등으로 유명한 도스토예프스키1821~1881는 톨스토이와 함께 19세기 러시아 문학을 대표하는 문호이다.

1849년 그는 공상적空想的 사회주의자 페트라셰프스키의 서클에 참여했다가 체포되어 반역죄 판결을 받고 다섯 명의 서클동료와 함께 총살형을 받게 된다.

세묘노프 광장의 기둥에 묶인 채 눈이 가려지고 총살당하기 직전, 니콜라이 1세의 사신이 도착 '총살 중지령'이 하달되어 살아날 수 있었다.

과장된 이야기인지는 모르나 총살을 집행하는 군인들의 총구가 그의 가슴을 향해 불을 뿜기 직전 사신의 말이 도착해 구조됐다고 하니 스릴러나 탐정영화의 한 장면이 연상된다.

유식한 잡학

만년 낙방생 두보

두보杜甫는 이백李白과 함께 중국 최대의 시성詩聖으로 불리고 있다. 그러나 과거 등 시험 운은 극히 나빠 평생을 어렵게 지낸 사람이기도 했다.

몰락한 집안에서 태어났으나 7세 때 시를 쓰기 시작, 15세 땐 낙양洛陽에까지 그 이름이 알려졌다.

두보는 과거시험 공부도 열심히 했으나 24세 때 시험에 낙방하자 돈벌이를 위해 각처로 방랑하기도 했다. 33세 때 낙양에서 이백을 만나 배우기도 했으며 교분을 두텁게 쌓았다.

746년에 두보는 장안長安에 나가 관리등용시험을 보았으나 다시 낙방했지만 황제 현종과 고관들에게 시를 지어 바치는 등 운동을

해 755년 44세에 겨우 관직을 얻었다.

마침 그때 '안사의 난'이 일어나 피란가다가 반란군에 잡혀 옥고를 치르기도 했다. 이때에 『국파산하재國破山河在』, 『춘망春望』 등 명작을 썼었다.

안주할 곳이 없어 호남의 상강에서 선상생활을 하다 세상을 뜬 것은 59세 때 였다. 중국이 세계 문학사상 가장 자랑스러웠던 시대는 당나라 시대였고, 우리는 지금도 두보 덕분에 그때의 시를 읽을 수 있다.

國破山河在
나라는 망하여도 산하는 남아 있어 성안에 봄이 오니 초목만 무성하구나. 시국을 생각하니 꽃도 눈물을 뿌리게 하고 이별을 한탄하니 새도 마음을 놀라게 한다. 봉홧불이 석 달이나 계속되니 집에서 오는 편지는 만금에 해당한다. 흰 머리를 긁으니 다시 짧아져서 온통 비녀를 이겨내지 못할 것 같구나.

안사의 난安史-亂
755년에서 763년에 이르기까지 약 9년 동안 중국 당나라를 뒤흔든 난으로 안녹산安祿山과 사사명史思明 등이 주동이 되었다.

유식한 잡학

넬슨 제독의 스캔들은 로맨스로?

1805년 트라팔가르 해전에서 프랑스와 스페인 연합함대를 무찌른 영국의 넬슨 제독은 런던 시내 광장에 우뚝 솟아 있는 그의 동상만큼이나 지금도 국민적 영웅이지만 생전에는 커다란 스캔들로 곤혹을 치렀다고 한다.

상대 여성은 엠마 해밀턴으로 당시 나폴리 주재 영국공사의 부인이었다. 유부남과 유부녀 간의 공공연한 사랑으로 양쪽 가정은 파괴되었고 부인은 별거 생활에 들어가 세상의 차가운 눈총을 받고 있었다. 그러나 트라팔가르 해전은 졸지에 이 스캔들을 로맨스로 승화시켜 버렸다. 적탄에 쓰러진 넬슨은 "해밀턴 부인에게 안부를…… 신에 감사합니다. 전 의무를 다했습니다"라고 외치며 절명했다.

그러나 넬슨의 이 말은 "의무를 다했습니다"라는 명언으로 세상

트라팔가르 해전 Battle of Trafalgar
나폴레옹은 1805년 여름, 영국 본토에 상륙군 15만 명을 집결시키는 한편 해군에게 영국함대를 견제하라고 명하였으나 시일에 맞추지 못하여 8월 15일 넬슨의 함대가 영국해협에 집결하였다. 나폴레옹은 체념하고 상륙군을 동쪽으로 옮기게 하고 에스파냐의 카디스에 있던 빌뇌브 제독의 연합함대를 이탈리아로 움직이려고 하였다. 카디스 남방 트라팔가르 곶의 앞바다에서 연합함대 33척은 넬슨의 함대 27척의 습격을 받아, 침몰 5척, 포획당한 함선 17척, 전사자 8천 명이라는 참패를 당하였다. 영국 측의 전사자는 넬슨 이하 1,663명이었다. 나폴레옹의 울름, 아우스테를리츠의 승리는 그 전야였으나 영국의 제해권은 이때 확립되었다.

사람들에게 알려졌고, 급기야 그는 국민적 영웅으로 떠받들어지게 됐다.

자연히 스캔들도 가라앉고 오히려 로맨스로 두 사람 사이가 미화된 것이다.

현재 런던에 있는 국립초상화미술관엔 두 사람의 초상화가 나란히 걸려 있어 세월과 더불어 미화된 역사가 그녀에 대한 평가마저 바꿔놓은 듯하다. 그러나 실제로 엠마는 낭비벽이 심해 유산을 거의 다 털어먹었고 쓸쓸히 홀로 세상을 떠났다고 한다. 역사란 과연 몇 퍼센트나 진실을 전하는 것일까?

유식한 잡학

파벌 싸움에 망한 페스탈로치

18세기 말에 스위스에서 근대교육사상을 확립시키고 교육학의 기초를 세운 교육혁명가 페스탈로치. 그러나 그 자신은 학교 경영에서 실패의 고배를 마셨다.

그가 자신의 이상을 실현시키고자 한 현장은 이베르돈. 먼저 남학교를 세우고 여학교까지 병설시키자 전 유럽에서 교육의 방법을 배우고자 연수생들이 몰려오곤 했다.

1808년엔 선생과 학생을 합해 250명이나 되었는데 학교 경영을 싸고 내분이 일어나 경영상태는 엉망이 돼갔다.

두 사람의 교직원 사이에 감정적 대립이 생기자 다른 선생들까지 가담, 파멸이 조성되었다. 명망 있는 선생과 제자들이 학교를

떠나버리고 1811년엔 학생수가 70명으로 줄어들었던 것이다.

1824년 2월 페스탈로치는 '내 사업은 좌절되었다'란 성명을 발표하고 스스로 자신이 세운 학교를 폐교시켜 버렸다.

그리고 그후 그가 농민학교를 세웠던 노이호프로 돌아가 만년을 맞이했다.

자연주의적 교육自然主義的教育, Education in Naturalism
중세의 교육이 종교적·봉건적 권위나 특권에 따라 어린이의 욕구나 흥미 등을 극단적으로 억압한 데 대하여, 문예부흥을 계기로 중세의 초자연적인 권위나 특권에 입각한 교육을 극복하여 어린이에 내재하는 자연성을 신뢰하고, 그것을 조장하며 개발하는 것이 교육의 임무라고 생각하게 되었다. 페스탈로치도 자연에 따르는 교육을 주장하였는데, 그는 자연교육에서 ① 사람이 생래적으로 타고난 공통된 선성善性 및 그 개발의 가능성 ② 타율에서 자율로 발달하며, 또 구체적이며 감각적인 것으로부터 추상적·원리적인 것으로 발전하는 자연의 진행에 따라 교수할 것을 주장하였다.

유식한 잡학

날마다 명칭 바뀐 나폴레옹

코르시카 섬의 귀족의 아들로 태어난 나폴레옹은 10세 때 프랑스로 건너가 브리엔느병(兵) 학교에 입학했는데 그의 동급생들은 그의 사투리를 '라빠이요네코밑에 매달린 지푸라기'라 부르며 놀려댔었다. 15세 때엔 파리의 사관학교에 입학. 졸업성적은 58명 중 42번째였으나 나중에는 황제가 됐다.

나폴레옹은 1814년의 전쟁에서 패한 후 퇴위하고 엘바 섬에 유배됐다가 1815년 2월 섬을 탈출, 남프랑스에 상륙했다.

당시 파리로 귀환하는 도중에 그는 병사들과 농민들의 열렬한 환영을 받았다. 이때의 귀환과정을 보도한 《모니뜨르》란 신문의

영웅교향곡
독일의 작곡가 베토벤의 교향곡. 제3번 E b 장조작품번호, 55. 1802년에 작곡하기 시작하여 1804년 봄에 완성, 1805년 빈에서 초연되었다. 모두 4악장으로 이루어졌으며 변주곡 형식을 쓰고 있다. 이 곡은 마침 나폴레옹이 전 유럽에 그의 용맹을 떨치고 있던 시기에 구상되었으며 베토벤은 당시 빈 주재 프랑스대사로부터 나폴레옹에 관한 이야기를 듣고 아마 그를 염두에 두고서 작곡하기 시작한 것 같다. 표지 위쪽에 보나파르트, 아래쪽에 베토벤이라는 이름이 적혀 있었으나 나폴레옹이 황제가 되었다는 말을 전해 듣자 그것을 찢어 없애고 고쳐 썼다고 한다. 그리고 그냥 '신포니아 에로이카'로 불리게 되었다. '영웅'이라는 곡명에 알맞게 당시로서는 매우 규모가 큰 곡이다.

제목을 보면 그의 명칭이 시시각각으로 달라졌다.

실세에 아부하는 언론의 속성이 들여다보여 쓴웃음을 자아내게 된다.

엘바 섬을 탈출했을 때부터 살펴보면 '악마, 유배지를 탈출', '코르시카의 늑대, 칸에 상륙', '맹호 가프에 나타나', '전제황제, 리옹에 진입', '보나파르트 북으로 진격 중', '나폴레옹, 내일 파리로', '황제, 퐁텐블로궁에', '황제, 취일리궁에 도착하신다' 등 매우 다양했다.

유식한 잡학

트로츠키의 비극

제정 러시아가 무너지고 사회주의 국가 소비에트 연방이 됐을 때 최초의 지도자는 레닌이요, 그의 최측근은 혁명의 오른팔 트로츠키였다.

트로츠키는 레닌이 사망하자마자 후계자가 된 스탈린과 대립, 당에서 제명되고 1929년에 국외 추방을 당한다.

스탈린의 라이벌 숙청은 철저해서 트로츠키는 터키, 프랑스, 노르웨이로 전전하다 멕시코에 가서 겨우 안주하게 되었다고 한다.

트로츠키가 이곳에서 「러시아 혁명」에 관한 회상록 등을 발표하자 스탈린은 1940년에 암살자를 보낸다.

트로츠키 비서의 여동생 애인 메르카델이 암살범이었다. 메르

카델은 피켈로 뒤통수를 찌르는 잔혹한 방법으로 트로츠키 두개 골 속에 7센티미터 깊이로 찔러 살해했다.

메르카델은 "나도 트로츠키의 신봉자였는데 멕시코에 와 보니 그가 반혁명 분자라는 것을 알았기에……"라고 강변했으나 멕시코에서 20년 형을 마치고 소련으로 돌아가자 국민영웅의 표창을 받았다. 결국 그는 엔카베대NKVD, 옛 소련 정보국 KGB의 전신의 암살훈련을 받은 전문가란 게 밝혀졌다.

트로츠키스트 재판 Trotskistskoe delo
1935~1938년 소련의 모스크바에서 행해진 트로츠키파에 대한 숙청 재판. 이러한 일련의 재판을 통하여 소련공산당 내의 좌파와 우파가 레닌, 스탈린 등 당 주류에 대항하기 위하여 수단을 가리지 않고 연합국과 관련을 맺어왔고 1930년대에 이후에는 나치스 독일과 내통해왔다는 사실이 드러나게 되었다. 이 결과 많은 분야에 걸친 인재가 트로츠키스트로서 숙청되었다. G. 지노비에프, L. 카메네프 등의 합동본부사건, G. 퍄타코프, K.라데크 등의 병행竝行본부사건, M. 투하체프스키 등의 군내부사건, 그리고 N. I. 부하린, A. 루이코프 등이 우익·트로츠키스트 합동음모에 참가하였다 하여 스탈린을 제외한 많은 지도적 인물들이 총살되었다. 그후 스탈린의 독재적 정권이 확립되었다.

유식한 잡학

중국 3대 악녀 여후

여후呂后, 기원전 241~180는 한漢나라 황제 유방劉邦의 처로 유방이 별세하자 그의 아들 혜제惠帝가 왕위에 올랐다. 유방은 생전에 그의 애첩 척부인戚夫人 사이에 낳은 조왕趙王을 후계자로 삼고자 했으므로 여후는 척부인과 조왕을 극도로 미워했다.

아들이 왕이 되자 여후는 조왕을 죽이고 척부인을 유폐시킨 뒤 그녀의 팔다리를 자르고 안구를 빼낸 후 변소에 처넣고 인돈人豚, 사람돼지이라 부르게 했다. 이 인돈을 아들에게 보이자 마음이 여린 혜제는 "어머니가 한 짓은 도저히 사람이 한 짓으로 생각이 안 됩니다. 전 어머니의 아들인 것을 원망합니다"라고 말했다. 그리고 정치는 돌보지 않고 주색에 빠져 있다가 병사했다.

그후 여씨와 그 일족은 전횡을 부리다 그녀가 사망하자 혁명이 일어나 모조리 주살을 당했다. 여후는 측천무후則天武后, 서태후西太后와 함께 중국의 3대 악녀로 불리고 있다.

11명의 처를 둔 마호메트

서기 571년경에 태어난 마호메트가 40세 때 산 속의 동굴에서 명상에 잠겨 있다가 천사 '가브리엘'로부터 신의 계시를 받고 기술한 것이 『코란』이다.

그런데 그 속엔 '자애 깊은 알라의 신은 남녀 간에 우월을 두었으니 돈은 남성이 내야 되며 남성은 여성의 위에 선다'고 하는 구절이 있어 일부다처를 권고하고 있다.

그는 정치와 종교가 일치된 종교공동체 '움마'를 만들었고 이 '움마'를 이끌고 근린의 여러 부족을 정복하는 성전聖戰, 지하드을 치르러 나갔다. 그러다보니 '움마' 속엔 미망인과 고아가 늘어났고 여성에겐 자활의 능력이 없었으므로 마호메트는 "만약 너 자신이 고아를 키우기가 어렵다면 누구든 마음에 드는 여성을 몇 명이건 데리고 살라"란 지시를 내렸다.

이로써 이슬람교도 사이엔 일부다처의 관습이 생겨났고 그 자신도 11명의 처妻를 둔 것으로 알려졌다.

유식한 잡학

과잉 경비로 목숨 잃은 스탈린

소련의 독재자 스탈린에 의해 1938년 말까지 체포된 자는 천2백만 명이고, 그중 처형된 자는 백만, 수용소에서 죽은 자는 2백만 명에 달했다. 이렇듯 피의 숙청을 거듭하다 보니 그 자신이 암살될 것에 대비해 경계가 엄중했다. 모스크바 근교의 숲 속 비밀 별장엔 똑같은 모양의 침실이 네 군데였고 그가 어느 방에서 자는가는 극비에 부쳐져 있었다. 그가 실내에서 전자 버튼을 누르지 않은 한 문은 열리지 않게 돼 있었다.

어느 날, 정오경에 일어나야 할 그가 저녁 때까지 꼼짝을 안 하는 것이었다. 경비병의 보고에 의해 요리 담당 부인이 계속 문을 두들기다가 문을 뜯어내고 들어가본즉 스탈린은 눈을 부릅뜬 채 침대가에 쓰러져 있었다.

고혈압으로 사우나에 들어가는 것이 금지돼 있었으나 취침 전에 들어갔다가 발작을 일으킨 것이다. 그로부터 사흘 후에 죽었으니 1953년 3월 5일이었다.

그는 경비 과잉으로 스스로의 운명을 단축시켰던 것이다.

전지 발명가 '볼타'

이탈리아의 물리학자 A. 볼타1745~1827는 18세 때부터 전기학을 연구해 축전기, 검전기 등을 고안해냈다.

1799년 54세 되던 해에 이르러서는 구리와 아연판 사이에 소금물묽은 황산용액에 적신 헝겊을 수십 매 끼워 넣어 강한 전기電氣를 만들어내는 데 성공했다. 이것이 세계 최초의 전지電池로 '볼타의 전지'라 불린다.

1801년 볼타는 나폴레옹 앞에서 전기실험을 했다. 나폴레옹은 경탄해 마지않으며 즉시 금메달을 주었고 나중엔 백작 칭호까지 내렸다. 자신의 실적과 연구결과가 세인에게 알려졌고 그 보답까지 받은 행운의 학자요 발명가였다.

현재 전압의 단위를 볼트또는 V자만 표시라 부르는 것은 이 '볼타 Volta' 백작의 이름에서 유래된 것이다.

서유기 속의 마왕군상의 실체는?

『서유기西遊記』에 나오는 삼장법사의 모델이 된 현장玄奘, 602~664 은 불교경전을 구하기 위해 인도를 왕래한 당대唐代의 고승으로 어떤 고난도 이겨낼 수 있는 의지력과 식견을 지닌 아주 건장한 스님이었다. 현장은 그러한 고승이었지만 파미르 고원이나 타클라마칸 사막을 넘나들 때엔 공포감을 느꼈는지 그의 여행기인 『대당서역기大唐西域記』에 당시의 상황을 기술하고 있다.

"사막에서 불어닥치는 모래바람은 발자국을 지워버려 방향감각을 잃게 했으며 어디선가 노랫소리와 울음소리가 들려와 정신을 잃고 헤매다 행방불명이 되기도 했으니 이는 사막의 악마나

『대당서역기』
현장玄奘 저술사실은 현장이 말한 내용을 제자인 변기辯機가 정리한 것. 646년에 완성, 현장이 16년간에 걸친 구법여행求法旅行 동안에 투르키스탄·아프가니스탄·파키스탄·인도 등에서 견문한 것을 귀국한 이듬해에 태종황제太宗皇帝의 명으로 저술한 것이다. 소개된 나라 수는 현장이 가본 곳과 간접적으로 들은 곳을 합하여 138개국이나 되며, 각 나라의 풍토·산물·정치·풍속·전설이 전해지고, 불사佛寺·불승佛僧의 수, 불탑, 성적聖蹟의 유래 등이 서술되어 있다. 이 책은 19세기부터 서구의 학술적 연구 대상이 되었으며, 19세기 말부터 20세기 초에 걸친 학술탐험의 귀중한 자료가 되기도 하였다. 이 책의 연구에는 혜립慧立이 지은 『자은사삼법사전慈恩寺三藏法師傳』을 아울러 연구하는 것이 좋다.

『동방견문록』
정식 명칭은 『세계의 기술記述』로 알려졌다. 마르코 폴로는 1275년에 서아시아, 중앙아시아를 거쳐 원나라의 상도上都에 이르러 쿠빌라이(세조)에게 벼슬한 이후 여러 관직을 지내면서 중국 각지를 여행하고, 1290년에 일 한국汗國 국왕에게 시집가는 와녀 코카친을 수행하라는 명을 받고 해로海路로 페르시아만灣의 호르무즈 섬에 도착한 다음 1295년에 베네치아로 귀국하였다. 귀국 후 베네치아와 제노바의 전쟁에 참가했다가 포로가 되었는데, 1298~1299년에 제노바 감옥에서 루스티첼로에게 자신의 동방여행 경험을 구술口述하여 필기하도록 한 것이 『동방견문록』이다. 좀 과장된 점이 있긴 하지만 당시의 서아시아, 중앙아시아, 중국, 남해南海 등에 관한 기사가 풍부하고 정확하며, 특히 중앙아시아가 자세히 언급되어 있다. 그 내용은 매우 신기하여 처음에는 유럽인들이 믿지 않았으나, 그후 많은 사람들이 아시아 여행을 하면서 이 책의 기사가 정확한 것을 알게 되었고, 콜럼버스의 아메리카 대륙 발견의 계기가 되는 등, 지리상의 발견에 큰 역할을 하였다. 루스티첼로가 필기한 원본은 없어졌으나 원본을 윤색, 가필, 삭제한 많은 사본들이 만들어져 전해지다가, 1934년 이 사본을 혼합하여 A. C. 물과 P. 펠리오의 공동편집으로 단일본으로 나왔다.

망령의 짓일 것"이라고 기록하고 있다.
 과연 억세고 정신력이 강한 고승이 환청을 한 것이었을까? 이걸 보고 『서유기』의 작자는 가지가지의 마왕을 창조해냈던 것 같다. 그후 6백 년이 지나 같은 사막을 넘어간 이탈리아 상인 마르코 폴로도 여행기 『동방견문록東方見聞錄』에서 비슷한 기록을 남기고 있다. "사막을 횡단할 때 수많은 망령들이 이야기를 걸어왔고, 이름을 불러댔으며 여기에 홀리면 목숨을 잃는다"라고 하고 있으니 두 사람의 기록이 단순한 우연인지, 또는 어떤 초현실 현상이었을까?

유식한 잡학

〈알로하 오에〉는 여왕이 작시作詩

하와이 민요로 세계적으로 알려져 있는 〈알로하 오에님이여 안녕〉를 작시·작곡한 것은 하와이 최후의 여왕 '릴리우오칼라니'였다. 하와이 군도는 19세기 초에 카메하메하 1세에 의하여 통일된 소국이었다. 설탕 재배를 위해 미국인의 왕래가 점차로 늘어나 그들이 하와이 전체 국토의 3분의 2를 지니게 되자 위협을 느낀 민족주의자 릴리우오칼라니 여왕1891년에 즉위은 하와이인의 하와이를 주장, 1893년 1월 새 헌법을 제정해서 외국인 농장을 몰수했다.

이에 반발한 미국인들은 진주만에 정박 중이던 미국 군함의 지원을 얻어 해군 150명이 왕궁을 포위, 혁명을 간단하게 성공시켰다. 이에 여왕은 퇴위하고 하와이는 미국인 지배하에 있다가 미합중국의 50번째 주로 병합됐다. 한때 릴리우오칼라니 여왕이 영국을 방문했을 때 빅토리아 여왕을 보고 "내게도 영국인의 피가 흐르고 있답니다. 제 조상이 영국인을 먹은 적이 있으니까요"란 농담(?)을 해 영국 여왕을 놀라게 했다는 일화도 있다.

국왕이 대지주?

고려시대의 토지제도는 근본적으로 모든 토지는 국왕이나 국가의 소유였다. 이 토지를 백성에게 빌려주어 경작케 하다 그 백성이 노동력을 잃으면 토지는 다시 국가 소유가 되었다. 국왕은 여러 명목으로 토지를 나누어주었는데 크게 다섯 가지로 분류된다. 왕실 유지의 경비를 충당하기 위한 직할토지를 내장전內莊田이라 했고 정부기관 유지를 위한 공해전公廨田과 사원 유지를 위한 사원전寺院田, 군대를 위한 둔전屯田, 학교를 위한 학전學田 등이 있었다.

오늘날의 재단 같은 것인데 국왕에겐 토지의 임의처분권이 있으므로 공로가 있는 신하에게 끝없이 토지를 나누어주어서 국가의 근본 재산인 국토의 대부분이 사유화되어 국고는 고갈되고 권문세가와 일부 사찰은 토지와 백성을 엄청나게 소유함으로써 나라 안에 나라를 세운 꼴이 되었다. 이에 옛 방식대로 토지를 다시 국가소유로 하는 전제개혁田制改革운동이 공양왕 2년1390에 단행되었으나 이는 고려왕조의 몰락으로 이어졌다.

'저는 당신의 아내', 여왕의 대답

영국의 현 여왕 '엘리자베스 2세'의 5대 전 조상은 빅토리아 여왕으로, '빅토리아 시대'라 해서 영국이 세계의 대제국으로 부상한 시대를 만든 여왕이었다. 영국에서 발행된 세계 최초 우표 '페니 블랙1840'도 이 여왕을 도안한 것이다.

18세 때에 여왕이 되었고 3년 후에 독일 태생 왕족 앨버트와 결혼했다. 앨버트는 훌륭한 보좌관 역도 했으며 모범적인 남편이기도 했다.

하루는 여왕이 앨버트의 방문을 노크하자 "누구요?"란 남편의 소리가 났고 "여왕이에요"라고 대답을 하자 아무 소리도 나지 않았다. 그래서 여왕이 다시 노크를 하자 "누구요?"란 소리가 났고 "여왕이에요"라고 말하면 또 묵묵부답……. 수차례를 거듭하다가 "누구요?"하자 이번엔 "당신의 아내예요"라고 말하자 문이 열렸다고 한다. 아홉 명의 자녀를 기르는 여왕의 가정적인 화목한 분위기가 피부에 와 닿지 않는가? 그녀는 여왕인 동시에 남편의 부인이요, 자식들의 훌륭한 어머니이기도 했다.

얼음을 신하에게 하사

우리나라에서 얼음을 저장해두었다가 여름에 사용하기 시작한 것은 부여夫餘 때부터였다. 여름에 장사지낼 때 얼음을 써서 시신의 부패를 막는 데 사용하기 시작한 후 식료품 냉장에 이용되었다.

겨울에 자연빙을 채취해 보관했던 것인데 신라 때 돌로 만든 얼음창고 석빙고石氷庫가 지금도 남아 있다. 옛날의 얼음은 귀중품이어서 왕실에서나 사용했으나 고려 때는 정기적으로 임금이 신하들에게 배급하기도 했다.

고려 정종 2년1036에 17명의 신하들에게 열흘에 한 번씩 배급했다는 기록이 있다. 고려 충렬왕 23년1297엔 누구나 얼음을 저장하고 사용할 수 있다는 허가가 내려졌다. 조선조 때부터는 동빙고東氷庫, 서빙고西氷庫가 마련되어 저장량이 늘어났고 얼음을 채취하는 사람에겐 급료 대신 토지를 주었으니 이것을 빙부전氷夫田이라고 불렀다. 서울의 서빙고는 이조 때부터 그 고장에 그 이름으로 남아 있다.

유식한 잡학

근친혼으로 이어져온 이집트 왕가

고대 이집트인들은 왕은 신(神)의 아들이며 감히 보통 사람과는 결혼을 못 하는 것으로 알고 있었다. 따라서 대대로 왕은 근친혼으로 그 핏줄이 이어져왔는데, 제18왕조 때의 이크나톤(아멘호테프 4세)은 만년에 그의 장녀 메르트아톤과 결혼을 했고 이어서 그의 셋째 딸인 안케세파톤을 왕비로 삼았다.

그의 사후에 12세의 미망인 안케세파톤은 아버지의 동생인 쓰탄카튼을 남편으로 삼았다. 이 쓰탄카튼은 얼마 후 쓰탄카멘이라고 이름을 바꾸었고, 1922년 영국의 고고학자 카터에 의해 그의 묘가 발굴되어 유명해졌다.

근친혼의 전통은 프토레마이오스 왕가로 계승되었는데 이 왕가의 수대에 걸친 근친혼의 마지막 왕녀가 클레오파트라이다. 그녀도 18세 때에 10세인 동생 프토레마이오스 13세와 결혼을 했는데 너무 어려서 남편 구실을 못 했는지 저 로마의 정복자 시저의 애인이 돼버린다.

양자를 동궁東宮으로 삼으려다 살해된 왕

당唐나라 말기 때 빈농 출신 주온朱溫은 황소黃巢의 난을 진압한 공로로 전충全忠이란 이름을 받아 주전충이 되었다. 그는 자신의 군벌을 늘려가다가 당시의 황제 소종昭宗을 유폐하고 13세의 소선제昭宣帝를 등극시켰다. 그후 907년에 선양왕위를 물려받음의 형식으로 자신이 황제가 되어 국화를 대량大梁이라 불렀다.

즉위하자마자 당 때의 고관들을 잡아 황허黃河강에 빠뜨려 죽이고 암적 존재였던 환관宦官들을 일소했고 당이 키워놓은 귀족문화도 파괴해버렸다.

이러한 주전충에겐 가자假子, 양자의 별칭가 많아 후계 문제로 갈등이 일어났다.

결국은 양자인 우문友文을 후계자로 삼으려 결심했는데 이를 알아차린 친아들 우계友珪가 병상에 누워 있는 주전충을 습격, 살해했다. 향년 61세서기 912, 당나라 3백 년을 멸망시킨 영웅으로선 어처구니없는 죽음이었다.

유식한 잡학

마왕 아라산다를 쳐부숴라

인도에서 말한 '아라산다'는 그리스의 '알렉산더 대왕大王'으로 그가 인도에 침입한 해는 BC 327년이라고 후세의 학자들에 의해 규정지어졌고 이것이 인도 고대사 연대결정의 기준이 된다. 그리스군은 먼저 폴스왕이 이끄는 코끼리 부대에 의해 저지당한다. 거대한 몸으로 적을 짓밟았고 커다란 코로 적의 무기를 휘감아버리곤 했다. 이에 알렉산더는 천 마리의 말을 동원, 석유를 가득 담은 항아리를 등에 업고 달리며 석유를 뿌린 후 불바다를 만들어 승리를 이끌어낸다. 다시 동쪽으로 진군하던 군사들은 이상한 도깨비 환상에 의해 사기가 떨어진다. 인도 사제들의 부름에 의해 서민층과 노예계급이 들고일어나 게릴라전을 전개하면서 마야 환상술에 의한 신경전을 벌였던 것이다. 급기야 대왕도 부상을 입고 막대한 손실을 입은 채 그리스로 돌아가게 된다. 이때에 수많은 바라몬司祭들의 시체가 길거리에 널려 있어서 독수리 떼들이 뜯어 먹는 광경을 볼 수 있었다.

아버지를 살해하고 왕이 돼

중국에 한漢나라가 세워졌을 때 북방北方의 초원에선 여전히 유목민족인 흉노匈奴가 힘을 과시하고 있었다. 모돈冒頓은 그 전성기 때의 왕이었는데 그가 왕이 된 경위를 『사기史記』는 다음과 같이 기록하고 있다. 모돈은 그의 아버지 두만頭曼이 자기를 제쳐놓고 애첩이 낳은 이복동생을 후계자로 삼으려 하자 부하들에게 명령을 내렸다.

"내가 이 활로 쏘는 것을 너희들도 쏴라. 쏘지 않으면 베일 것이다"라고 하고 들판에 나가 사슴을 쏘자 부하들도 일제히 사슴을 쏘았다. 다음엔 자기가 타고 있던 애마愛馬를 쏘았는데 쏘기를 꺼려하던 부하를 당장 참수해버렸다. 며칠 후엔 자기가 사랑하는 처를 쏘았다. 또 꺼려하던 부하들을 베어버렸다. 드디어 자기 아버지와 함께 사냥을 나가게 되었다.

돌연히 아버지를 향해 활을 쏘자 수십 개의 화살이 그의 아버지를 향해 날아갔다. 이래서 모돈이 왕이 되었다. 권력투쟁이란 이토록 무서운 것이다.

유식한 잡학

탕롱형

'탕롱站籠'은 중국 명나라 때 만들어진 형구刑具로 죄인의 목에 채우는 칼의 일종이다.

〈춘향전〉 등 사극에서 죄수가 두꺼운 나무관 사이에 목을 끼우고 앉아 있는 것을 볼 수 있는데, 탕롱은 칼을 목에 끼우고 온몸이 대롱대롱 매달려 있듯 서 있게 하는 형을 말한다. 대체로 사람들의 왕래가 잦은 관청 앞 길가에 세워두는데 죄수가 많을 때엔 십여 개가 세워지기도 한다.

고통만 주기 위한 탕롱형은 죄수의 양손을 결박하고 발로 전신의 무게를 지탱케 하는데 발가락이 땅에 닿을락말락할 때 땅과의 틈에 벽돌을 두 장 끼워 넣었다가 한 장을 빼기도 하고 두 장을 빼기도 하면서 오랜 시간 고통을 느끼게 한다. 처형하기 위한 탕롱형은 처음부터 벽돌을 끼워넣지 않는다.

물론 간수에게 돈을 쓰면 간수는 벽돌을 끼워놓고 모른 체한다.

화갑華甲과 홍虹

회갑回甲은 사람마다 태어난 해의 간지干支가 다시 돌아왔을 때를 말하는 것으로 가령 갑자甲子년에 태어난 사람은 61세가 될 때 다시 갑자년을 맞이하게 된다.

화갑華甲이라고도 하는데 '화華' 자를 분해해보면 십자十字 여섯 개와 일一 자가 하나로 나뉘어지는데 결국 이는 61을 뜻한다. '갑'은 갑甲·을乙·병丙·정丁·무戊·기己·경庚·신辛·임壬·계癸의 십간十干 중에 갑이 십간을 대표한다고 생각해 화 자와 갑 자를 붙여 '화갑'이라고 부른다. 태어났던 해로 다시 돌아가 제2의 인생이 시작된다는 뜻도 된다.

무지개 홍虹 자는 벌레와 관계가 없는데도 왜 '충虫' 변이 붙을까? 여기의 충은 상상 속의 동물 용龍을 뜻한다. 옛적부터 용은 연못 속에 있다가 천둥 비바람이 몰아칠 때 승천한다고 알려져 있으므로 비온 뒤에 하늘에 걸쳐져 있는 커다란 무지개를 용의 모습으로 상상해서 쓰게 된 것이다.

현대판 아라비안나이트

아라비아 반도의 중심부 네지드 지방은 예부터 사우드가(家)가 지배하고 있었다. 하지만 압둘 아지스 왕자 때에 네지드 북부의 라시드가의 침략을 받아 일가가 모조리 쫓겨나 쿠웨이트로 망명했다.

왕자가 청년이 되자 그는 낡은 소총 30정으로 무장한 부하 30여 명을 이끌고 깊은 밤 네지드의 도시 '리야드'의 성곽 내에 깊숙이 침투해 들어갔다.

라시드가의 총독이 성안에서 자고 있다는 정보를 입수했기 때문이다. 아침에 성문이 열리고 총독이 의젓한 모습으로 광장에 나타났을 때 아지스 왕자의 결사대는 일제히 기습을 감행해 총독과 근위병을 전멸시켰다. 이것이 1902년 1월 15일의 사건이었다. 오늘날의 산유왕국 사우디아라비아는 '사우드'가의 아라비아란 뜻이 된다. 마치 옛 동화 속 이야기 같은 '아라비안 나이트'가 현실 세계에서 벌어졌던 것이다.

스푼·포크는 각자 갖고 다녔다

서양에서 요리의 세 가지 도구 나이프·포크·스푼을 쓰기 시작한 것은 생각보다 오래되지 않다. 로마시대 식탁의 나이프는 고기를 잘게 썰기 위한 것일 뿐 각자가 손가락으로 집어먹곤 했었다.

16세기 말 프랑스의 사상가 몽테뉴가 이탈리아를 여행했을 때 식탁에 스푼이 나온 걸 보았다고 쓰고 있다. 또 그즈음 영국의 상류사회에서는 각자 나이프와 스푼을 갖고 다녔다고 기록돼 있다. 세 가지 도구를 쓰기 시작한 것은 대략 17세기 후반으로 알려져 있다.

16세기 때의 문인文人 에라스무스는 '나이프로 이를 쑤시지 말라'란 글을 쓰기도 했는데, 영화나 연극 같은 데서 볼 수 있는 옛 유럽의 귀족들은 꽤나 교만해 보이지만 맨손으로 음식을 집어먹던 사람들이었다. 거기에 비해 동양에서는 기원전부터 숟가락과 젓가락을 사용해 왔다.

유식한 잡학

경상도는 백국白國? 전라도는 적국赤國?

1592년 도요토미 히데요시豊臣秀吉가 조선을 침공하면서 조선 팔도를 여러 가지 색으로 칠해 휘하 장수들에게 나누어주었다.

경상도는 백白, 전라도는 적赤, 경기·충청도는 청靑, 강원·평안도는 황黃, 함경도는 흑黑, 황해도는 녹綠색으로 칠하고 백국, 적국, 황국으로 부르게 했다. 전라도니, 경상도니 하는 명칭이 낯설고 부르기가 불편했기 때문인데 그 채색엔 별다른 의미는 없었던 것 같다.

그런데 일본 측 기록을 보면 "조선에서 문신을 동반東班, 무신을 서반西班으로 부르며 이를 합해 양반이라 부르는데 정권은 대대로 동반에서 임명되었을 뿐 아니라, 조선군은 관군과 의병으로 나뉘는데 관군은 징집된 서민층으로서 대체로 무뢰한이 많아 도망가기 일쑤였다. 그런데 의병은 유생儒生이 이끄는 농촌의 자제가 많아 죽기로 대항해서, 그들이 이기는 경우가 많았다"고 쓰여있다.

지금도 음미해볼 만한 기록인 것 같다.

유조선은 빈 채로 항해하나?

산유국에 원유原油를 실으러 가는 유조선은 빈 탱크로 가야 한다. 하지만 그랬다가는 몸 전체가 거대한 빈 깡통 같아 안정이 안 되어 전복될 수 있다. 그래서 배 전체의 균형을 맞추기 위해 기름 탱크 속에 바닷물을 쏟아넣고 항해한다.

산유국에 도착하면 당연히 물을 빼고 원유를 집어넣는다. 세계 최대의 유조선을 기준으로 한다면 약 48만톤 급으로 원유는 18리터들이 석유 3,210만 통을 실을 수 있다.

따라서 거대한 이 유조선이 좌초하거나 난파하면 인접 국가는 거국적으로 기름유출 방어작전을 벌여야 한다. 근해의 바다오염이 양식어장의 물고기나 어패류를 전멸시키는 피해를 주기 때문이다.

그래서 비록 인명 피해가 없더라도 유조선 사고 때 언론에서 대대적으로 보도하고 있는 것이다.

화살 한 개 탓, 유령도시가 돼

아프가니스탄의 동쪽 바아미안이란 곳엔 '샤리 고루고라^{망령의 도시}'라 불리는 공포의 폐허 도시가 있다. 봄베이^{뭄바이의 옛 이름} 같이 화산 폭발에 의한 것도 아닌 인위적인 폐허 도시가 된 곳이다.

13세기 초 몽골의 칭기즈칸이 질풍노도와 같이 동유럽 쪽으로 진격하다 이 도시를 공략했다. 이 와중에 한 개의 화살이 날아와 칭기즈칸의 손자가 즉사했다. 애지중지하던 손자를 잃은 칭기즈칸은 이 도시에서 살아 있는 것은 사람이건 동물이건 간에 모조리 살해하라는 엄명을 내렸다. 손자를 살해한 한 명의 궁수를 없애기 위해 전체 도시인을 무차별 멸종시킨 사상 최악의 살육 참극이 벌어졌던 것이다.

그후 8백 년이 지난 지금까지도 동물조차 살지 않는 유령도시가 돼버렸다. 지금까지 이란이나 아프가니스탄 사람들이 그를 인류 최대의 악마라고 부르게 된 연유가 바로 이러한 데 있다.

옛 동경시는 비료제조공장?

요즘 대도시의 분뇨는 수세식화장실을 통해 하수도로 내려가 오염 문제가 되고 있지만 옛날엔 농작물의 대표적인 비료로 쓰였다. 일본의 수도 도쿄는 에도江戶라고 불렸던 막부시대엔 분뇨생산의 명산지(?)였다. 당시 인구 백만 명이 매일 쏟아내는 분뇨는 거의 백 퍼센트가 비료로 쓰여졌으며 에도 근교의 농민들은 무사들이 몰려 사는 가옥현재의 아파트촌이나 큰 절간, 나가야長屋, 일자형으로 길게 지어진 공동전세 가옥 등과 계약을 맺고 그곳의 화장실을 깨끗이 청소해주는 대가로 일 년에 두 번씩 현금이나 농산물을 제공하곤 했다.

분뇨의 양에 따라 일단 현금으로 환산하고 다음에 거기에 걸맞은 농작물여름엔 야채나 과일, 가을엔 무말랭이 등을 제공했다.

무사들의 집단 대가옥에선 분뇨 치우기 입찰제入札制를 실시하기도 했다. 18세기 후반기에는 40년 전에 분뇨값의 세 배를 냈다는 기록도 있다.

유식한 잡학

주인이 네 번 바뀐 캘리포니아

캘리포니아의 지배자는 처음에 스페인이었다. 그런데 1812년에 샌프란시스코 교외에 러시아가 들어와 포트로스란 식민지를 만들었다. 그러나 1830년에 경영 부실로 식민지의 무역권리를 남에게 싸구려로 팔아넘기고 철수해버렸다. 다음에 1822년에 스페인으로부터 독립을 한 멕시코가 자신들의 영토로 만들었는데 본국의 정치불안으로 지배력이 극히 약했다.

그러다 1836년 텍사스로의 이민 문제로 미국과 멕시코 간에 전쟁이 일어났는데 여기에 자극을 받은 캘리포니아 주민들은 베어 플래그熊의 깃발란 공화국 선언을 했다. 1848년 2월 멕시코와의 전쟁에서 미국이 이기자 '과달루페 이달고' 조약으로 텍사스와 캘리포니아는 미국령領이 됐다. 때마침 캘리포니아의 시에라네바다 산맥에서 금이 나오기 시작했고, 곧이어 캘리포니아의 골드러시 시대로 돌입한다. 이 땅에서 러시아가 계속 버티고 있었거나 멕시코령 때 금이 나오기 시작했다면 역사는 많이 바뀌었을지 모른다.

식물성 섭취국

고려는 불교를 국교로 내세워 살생을 죄악시하고 도살 금지령까지 내려 식물성 식품국으로 고정되었다. 그러다가 1231년부터 몽고족의 침략을 받았는데 이는 농경민족과 유목민족의 충돌이라 볼 수도 있다.

이때 고려가 굴복하자 약 110년간 몽고족에게 가차 없는 착취와 약탈을 당했고 수많은 처녀와 환관의 염출을 강요당했다.

또 대대로 고려왕은 몽고의 공주를 왕비로 삼아야 했고 거기서 태어난 왕자라야 왕이 되었다.

또 몽고의 공주가 고려 궁궐로 들어올 때엔 수많은 몽고인을 거느리고 들어와 궁궐의 풍습도 몽고풍에 물들었다.

조선 때까지의 공주나 왕비의 관冠 등은 몽고족에서 유래된다. 중국에서 명明이 일어나 몽고제국이 힘을 잃고 북쪽으로 쫓겨나고서야 고려는 겨우 몽고의 굴레를 벗어날 수 있었다. 그러나 어느덧 우리나라도 동물성 섭취국으로 변해 있었다.

유식한 잡학

별이 지배하던 인도

인도의 마지막 총독인 마운트배튼 경이 "영국령 인도는 1947년 8월 15일을 기해 인도와 동·서 파키스탄으로 분리 독립한다"라고 라디오 방송을 하자 인도 전역에서 벌집을 쑤셔놓은 듯 소란이 일어났다. 그 분리방법에 대해서가 아니라 독립제정일이 대흉일大凶日이란 데에 있었다. 즉 흉성凶星인 토성土星이 지배하는 날이므로 홍수·한발·전쟁이 일어난다는 것이었다.

못사는 이는 '다음엔 부잣집 별 아래 태어나길……', 장가를 못 가면 '다음엔 여성이 뒤따르는 별 아래 살다 죽고 싶어……' 등등 힌두교에 있어선 점성술占星術이 압도적 영향을 주고 있었다. 말하자면 천체의 별은 마치 독재자처럼 인도인의 생활을 다스리고 있었던 것이다.

골치를 썩인 마운트배튼 경은 점성술사와 의논해서 8월 14일이 소길일小吉日이 되는 걸 알아내고 인도의 탄생일을 '1947년 8월 14일 24시 몇 분'으로 정정 발표했다.

상대에게 기회를 주는 스컹크

족제비 과에 속하는 스컹크는 귀엽게 생겼지만 애완용으로 기르는 이는 드물다. 역시 스컹크가 뿜어내는 냄새 때문인데 실은 방귀, 즉 가스가 아니라 분비액의 냄새이다. 항문 근처에 두 개의 발달된 선이 있고 여기서 노란색 액체가 4미터까지 발사되면서 악취를 내뿜는데, 맡으면 숨이 막히고 눈에 들어가면 일시적으로 눈앞이 안 보인다. 그러나 다행(?)인 것은 스컹크는 기습을 하는 일 없이 상대를 향해 등을 돌리고 꼬리를 높이 올려서 항문을 내보이고 앞발을 치면서 경고한다. 즉 도망칠 시간을 주는 것이다. 스컹크를 잡으려면 뒤쪽으로 살살 다가가 갑자기 꼬리를 잡고 멀리 내팽개쳐야 되는데, 타이밍 잡기가 쉽지 않다. 가죽은 고급 코트로 쓰이고 새끼였을 때 항문 근처의 분비선을 제거해버린다.

스컹크는 사람에겐 상당한 공헌을 한다. 메뚜기, 뱀, 땅벌, 쥐를 구제하는 데 다른 포유류에 비교가 안 될 만큼 일등공신 노릇을 한다고 학자들은 말하고 있다.

유식한 잡학

예고豫告 암살

명치 22년[1889] 2월 11일. 일본의 기원절紀元節 날 아침, 당시의 문부대신교육부장관 모리아리노리森有禮가 예복을 갖춰 입고 식전에 참석하고자 현관을 나설 때였다. 서생이 니시노西野란 자의 명함을 들고 면회 신청을 왔다고 했다.

비서보고 만나보라고 한 즉 "오늘 식전에서 각하를 암살하려는 음모가 있다"란 것이었다. 대신은 니시노에게 알려줘 고맙다는 뜻의 묵례를 해주었다.

바로 그때 니시노는 대신에게 쓰러질 듯 다가서며 식칼로 대신의 옆구리를 찔렀다. 놀란 호위경관이 칼로 니시노의 머리를 내리쳤다.

범인은 즉사했고 대신은 이튿날 숨을 거두었다. 범인은 광신적인 신도神道주의자로 대신이 무엄하게도 신도를 모욕했다는 게 살인 이유였다. 대신은 기독교 신자로 알려져 있었고 신관神官들은 천황제와 연계해서 신도를 국교國敎로 하라고 탄원했으며 대신은 '국제교육주의'를 내세워 이를 거부했던 것이다.
　때마침 대신이 되는 이는 이세대묘伊勢大廟에 참배하는 게 관례로 돼 있어서 신관이 고의로 그 예법 절차를 혼란시켜 약간의 실수를 했었다. 그런데 대신이 구두를 신은 채 신전에 올라갔고 단장으로 발을 걷어 올렸으며 모자를 쓴 채 예배했다는 유언비어가 나돌았고 범인은 여기에 놀아난 것 이었다.

암살暗殺, Assassination
정치적으로 영향력을 행사할 수 있는 지위에 있는 사람을 정치적·사상적 이유 때문에 비합법 적으로 몰래 살해하는 행위. 최소의 희생으로 최대의 효과를 얻을 수 있기 때문에 좌익·우익·피지배층·권력자 상호간 등 여러 사람들이 암살을 행하고 있고, 또 정치적인 동기가 강한 것과 개인적인 동기에 의한 것등 다양하다. 개인적으로 암살을 행하는 경우도 있지만, 일반적으로는 조직이나 권력자와 관련되는 경우가 많다. 이 점에서 궁정혁명宮廷革命이나 쿠데타와의 구별이 애매해진다. 중남미제국 등과 같이 정치적으로 불안정한 나라에 암살이 많고, 독재국가에서는 암살이 가장 유효한 독재자 타도방법으로 생각되고 있지만, 호위가 그만큼 치밀하여 독일의 히틀러 암살계획과 같이 미수에 그치는 경우가 많다. 정치권력이 민주화될수록 암살은 줄어든다고 하지만, 아무리 민주화되어도 기구가 커지면 권력은 자연히 한 사람에게 집중되는 경향이 있다. 또 불평분자·광신자·정신이상자 등이 나타나게 되며, 개방적인만큼 호위도 허술해져 암살자가 그치지 않는다. 미국 J. F. 케네디 암살사건이 그 좋은 예이다.

유식한 잡학

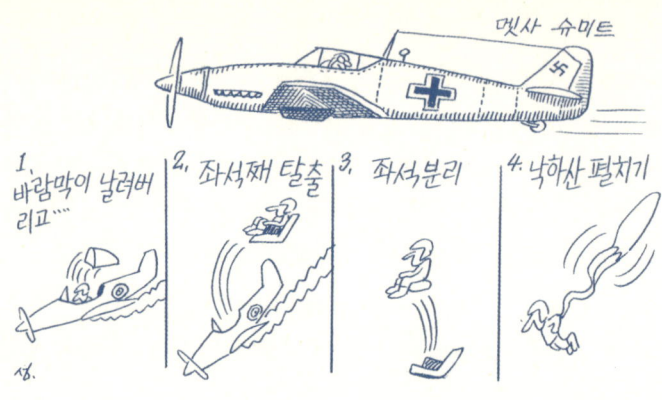

비상탈출 분사식 좌석

아일랜드인 '제임스 마틴'은 항공기용 분사식 비상탈출 좌석 즉, 항공기의 화재나 엔진고장시 긴급 탈출할 수 있게 좌석 자체가 통째로 튀어 나가는 장치를 개발해 연합군 측 조종사 약 3천 5백여 명의 생명을 구해주었다. 그래서 후에 귀족 서열에 끼이게 됐다.

1943년 4월 7일 라바울 기지서 출격한 일본기 2백 대가 과달카날 섬을 공습했을 때다. 일본기는 21대가 격추되었고 미군 측은 해병항공부대의 전투기 일곱 대가 격추되었으나 이중 해병조종사 여섯 명은 구조됐다. 분사식 좌석으로 튀어 나가 낙하산으로 내렸기 때문이다.

인명을 존중하는 미군 측은 가장 위험하고 가장 탈출 시간이 짧은 전투기에 예외없이 분사식 비상탈출 장치를 해 조종사 자신이 피격되지 않는 한 생존할 수 있게 장비와 인력동원을 무한정 투입했던 것이다.

가장 비싼 책을 만들고 가장 어렵게 살고

독일의 구텐베르크 1394~1468가 활판 인쇄기를 발명하고 처음 찍은 것은 『42행성서行聖書, 구텐베르크 성서』로 불과 3백 부를 찍지 못했다. 도중에 인쇄기를 빚 담보로 뺏겼기 때문이다 (참고로 이 책은 현재 세계에 47부 정도만 남아있고, 1987년 10월 뉴욕경매 때엔 이 책 한 권이 540만 달러에 낙찰되었다).

부득이 인쇄기의 연구를 위해 요한 푸스트란 금융업자를 경영에 참여케 할 수밖에 없었다. 그 후 인쇄기의 선전이 되기 시작하자 다량 인쇄물이 속속 밀려와 정작 돈을 번 것은 푸스트였다. 그가 기계 소유자였기 때문이다.

구텐베르크는 그후 각종 사업에 손을 댔다가 계속 실패, 다시 인쇄일을 돕던 중 아돌프 2세로 부터 그 공을 인정받아 은급恩級이 지급돼 그것으로 만년을 조용히 보냈다.

유식한 잡학

좌부인, 우부인을 둔 대신

조선왕조 때부터는 일부일처제를 법령으로 정했기 때문에 필연적으로 첩妾이 생겨났고 첩의 수효엔 제한이 없었다.

구한말 이완용李完用 내각에서 대신을 지낸 조중응趙重應은 매국노 7역신七逆臣 중 한사람으로 일본에 갔을 때 미쓰오카光岡란 일본 여성과 가까이 지내다가 그녀를 한국에 데려왔다.

그러나 조에겐 이미 최씨崔氏라는 아내가 있음을 알게 된 미쓰오카는 첩살이는 싫으니 일본으로 돌아가겠노라고 울며 불며 소란을 피웠다. 난감해진 조는 상감에게 이 사실을 알리고 특별히 재가를 얻어내 첩으로 둔다면 상관이 없으나 두 여인을 모두 아내로 삼기로 했다. 그리고 최씨를 좌부인左部人, 일본 여인을 우부인右夫人이라 부르기로 했다.

이 일은 1908년에 있었던 일로 왕조에서 공식적으로 일부이처를 인정한 극히 드문 예가 된다 (『매천야록梅泉野錄』 권6 융희2년).

고려시대 성 범죄 잔혹사

고려시대엔 일부다처제가 허용되면서 여성 성 범죄에 대하여 가혹했다. 남성은 그 배우자를 버릴 권리가 있으나 여성은 그 배우자를 버릴 수가 없었다. 노예계급의 성 범죄에 대해선 더할 나위 없이 가혹했다. 명종明宗 때 장수 이의민李義旼은 계집종을 가까이 했는데 이李의 아내 최씨崔氏는 질투한 나머지 자신도 남자종을 가까이 했다. 이에 이의민은 종을 참살하고 최씨를 내쫓았다 (『고려사』권128). 공민왕 때의 문신 허유許猷의 첩이 종과 간음을 했는데 이를 안 허許는 첩의 두 눈을 멀게 하고 두 귀도 잘라버렸다. 또한 남자종의 두 눈을 후비고 코를 잘라내는 등 잔혹한 형벌을 가하다 종이 죽자 성기를 잘라내서 첩으로 하여금 먹게 했다. 잔인하기 이를 데 없는 형벌을 고관은 집 안에서 집행한 것이다 (『고려사』백오·허홍). 종 계급이 상전집 여성과 간음했을 때 화간和姦이면 교살형이요, 강간强姦이면 참수형을 받았다. 공양왕 4년 1392엔 다른 계급 사이에서의 혼인은 법으로 처단한다고 공포했다 (『고려사』권84, 형법1, 노비).

유식한 잡학

조선은 첩의 전성시대

현대에서는 자유연애를 하는 것은 관계없으나(?) 첩을 둔다는 것은 사회통념상, 또 윤리상 용납이 안 되는 것으로 손가락질 대상이다. 그러나 조선시대 때 첩을 두는 것은 거의 상식으로 돼 있었다.

선조 때의 명재상 이덕형李德馨은 창덕궁을 수리하는 일로 바빠 집에 돌아가는 날이 적어지자 임시로 궁 근처에 집을 마련했는데 이와 동시에 첩을 두기도 했다.

율곡栗谷 이이李珥는 위대한 학자이고 부인은 성주星州 목사 노경린의 딸이었는데, 노씨의 소생이 아닌 이이의 아들 경림景臨과 경정景鼎이 있었으니 첩을 두었다는 얘기가 된다.

성웅 이순신李舜臣에겐 부인 방씨方氏에게서 회, 예, 면이 있고 서자로 훈과 신이 있었으니 역시 첩을 두었다는 걸 알 수 있다. 이은상 『충무공 일대기』 따라서 소설을 쓰건 영화를 찍건 간에 위인을 묘사할 때 더 인간적인 측면을 써야 하지 않을까?

죽음의 항로 노예선

옛 미국에서의 흑인들은 거의 유럽인들이 아프리카에서 데려간 노예들이었다.

1829년 때의 일이다. 남대서양에서 어떤 상선을 만난 영국군함 수병의 기록엔 다음과 같은 게 있었다.

"그 상선 속의 화물은 미국으로 실려가는 505명의 흑인 남녀 노예로, 17일 동안 55명이 죽어 바다에 내던져졌다. 창문에 쇠창살이 쳐진 갑판 속에 통조림 속같이 가득 채워져 있었고 그들은 밤낮을 가리지 않고 움직일 수도, 옆으로 누울 수도 없었다.

또 그들은 양치기가 치는 양 떼같이 제각기 그들 주인의 부호가 새겨진 철 도장이 피부에 찍혀 있었다."

이렇듯 잔혹하게 유럽 상인들에 의해 16세기 이후 계속 노예로 신대륙에 실려간 아프리카인은 960만 명으로 추정되고 있다.

양첩과 천첩

조선조에서는 처와 첩의 신분상 계급이 뚜렷해 대우에 차이가 있었는데, 그 신분의 차이는 자식에게도 이어져 출세에 막대한 지장이 있었다. 남성 위주의 사회에서 태어난 자식이 그 아비에 의해서가 아니라 어미에 의해서 신분이 규정되었던 것이다.

첩에도 양첩良妾과 천첩賤妾이 있었으니 양첩은 양반 댁 첩의 딸을 첩으로 삼으면 양첩이고, 기생이나 계집종을 첩으로 삼으면 천첩이 되었다. 『경국대전經國大典』을 보면 '문무관文武官 2품二品 이상 양첩 자손은 정오품正五品을 넘을 수 없다'고 명기돼 있다.

조선조에 있어서의 개인은 그 학식이나 능력보다 출신 여부에 따라 그 위상이 달라졌던 것이다. 서자차별의 원인은 초기의 왕권계승 문제에서 비롯되지 않나 하는 견해가 식자들 간에 지배적이다.

마약과 암살

11세기 말 이슬람교 시아파 중의 하나인 이스마이리파 수령인 하산 싸바브는 테헤란 서북방 아라무트에 견고한 성을 짓고 성내엔 분수와 실개천과 화원을 가꾸고 미녀들을 노닐게 했다. 그리고 부하들을 시켜 마을에 내려가 힘깨나 쓸 만한 젊은이들을 마약으로 잠재워 성안에 데려와 꽃밭에서 며칠을 놀게 하였다.

그러다가 다시 마약으로 잠재워 마을에 보냈다. 그런 후 "자네가 그 낙원에 다시 가고 싶으면 아무개를 암살하라"고 지령을 내렸다. 이런 식으로 꾸며진 암살단은 한때 서아시아에서 맹위를 떨치곤 했다. 십자군의 서방 측 장군들도 많이 희생되었다.

그래서 영어 암살의 뜻 어쌔신^{Assasin}은 마약의 하시시^{Hashish}에서 나온 말이 된다. 엉뚱한 데서 말의 어원이 연결된 것이다. 그러나 이 암살단도 13세기 중엽 몽골군의 공격으로 멸망해버렸다.

유식한 잡학

말라리아를 기도로 고치던 시대

 서기 1018년 여름. 일본엔 말라리아가 돌아 궁중까지 번졌고 황태자도 열병에 걸려 온몸을 떨며 누워야 했다. 의술이 발달하지 못했던 당시엔 고승을 불러 출장기도를 드리는 것이 상례로 돼 있었다.

 부랴부랴 원성사園城寺의 스님에게 의뢰, 두어 시간 목탁을 두드리며 기도를 드리게 하자 황태자의 열이 씻은 듯이 가라앉는 게 아닌가? 펄쩍 뛰게 기뻐한 궁에선 그를 권율사權律師, 스님 중에 가장 높은 지위로 임명하고 말에다 의상까지 하사했다.

 그러나 스님이 돌아가자마자 다시 황태자는 열이 나기 시작했고 궁 안은 발칵 뒤집혀졌다. 이미 줘 버린 직위나 하사품을 되돌려 받을 수도 없고 그 스님만 커다란 영예를 얻었던 것이다.

 이러한 해프닝은 귀인貴人의 집안에선 흔히 일어났던 것이다. 말라리아가 돌던 때의 희비극 한 토막이다.

피부 봉합수술을 개미가 했다?

설탕이 있는 곳에 개미가 있어 부엌일을 하는 주부들은 바퀴벌레 다음으로 개미를 싫어한다. 그런데 옛 유럽에선 부상을 입은 환자의 상처 부위를 봉합하는 데 개미를 이용한 기록이 있다.

상처 부위의 양쪽 살을 밀착시키고 그 부위를 검정왕개미로 물게 하면 개미는 그 커다란 턱을 크게 벌리고 물어버린다. 턱 힘이 강해서 제 몸보다 큰 것을 물어서 운반하는 게 개미이다 그런 다음에 개미 몸뚱이를 떼어버리는데 개미는 죽지만 머리 부분은 상처에 붙은 채 상처가 아물 때까지 그대로 놔두는 것이다.

그래서 의사들은 검정왕개미를 다량으로 잡아두었다가 칼 같은 것에 베인 환자를 치료할 때 긴요하게 썼던 것이다. 현대와 같이 봉합하는 실이 발달하지 않았던 시대에 있었던 웃지 못 할 실화였다.

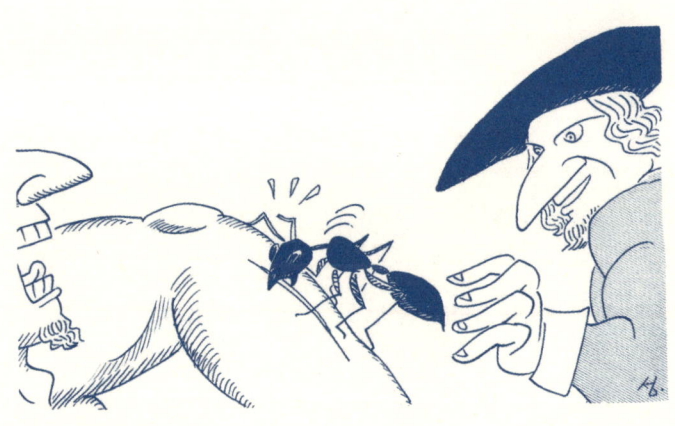

유식한 잡학

말 하나 차이로 자결한 사무라이

검술을 중요시하던 일본에서 명검^{名劍}이 몇 가지가 있었는데 무라마사^{村正}란 칼도 그중 하나였다.

그런데 도쿠가와 이에야스^{德川家康}가 이 칼에 부상을 당하고, 또 그 아들이 자결할 때도 이 칼을 씀으로써 무라마사는 도쿠가와 가문에 저주를 주는 칼로 알려졌으며 가신들에게도 이 칼은 터부가 됐다.

그러나 명검의 수집광이었던 나가사키^{長崎}의 원님 다케나카^{竹中 重義}는 이 칼을 24자루나 지니고 있었다고 한다.

그가 어느 해 여인을 사이에 두고 거상^{巨商}과 소송 문제를 일으

본국검법本國劍法

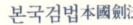

한국 고유의 전통 검법으로 『무예도보통지』에 수록된 24기技 중 하나이다. 모두 33세勢로 이루어져 있으며 그중 격법擊法이 12수手, 자법刺法이 9수이다. 칼은 예도를 사용하며 양손으로 다룬다. 그 유래는 『동국여지승람』에 칼춤의 희戲라 하여 다음과 같이 소개되어 있다. '황창黃昌은 신라 사람이다. 속설에 전하기를 나이 일곱에 백제의 시중에 들어가 칼춤을 추니 구경하는 사람이 담처럼 둘러쌌다. 백제왕이 이 소문을 듣고 황창을 불러서 칼춤을 추라고 하였다. 황창은 기회를 보아 왕을 찔렀다. 이에 백제인들이 그를 죽였다. 신라인들이 이를 슬퍼하여 그의 얼굴 모습을 본떠서 가면을 만들어 쓰고 칼춤을 추었는데 그것이 지금도 전한다.' 그러나 황창이라는 인물에 대한 자료가 없어 유래에 대한 정확한 고증은 어렵다.

켰다. 이때 조사관들이 그 집을 뒤지다 무라마사가 여러 자루 나옴에 따라 막부幕府에 반역을 하기 위한 것 아니냐며 심문을 받게 되었다.

이에 대해 그가 "그게 아니라 이 정도의 명검이라면 세월이 지나면 가치가 올라갈 게 아닙니까?"라고 말하려 한 것을 "시대가 바뀌면 가치가 올라갈 게 아닙니까?"로 잘못 말하는 바람에 '역시 도쿠가와 정권이 망하는 걸 기다리는 반역자'로 판결을 받아 할복자결케 되었다. 정치가가 세 치 혀를 잘못 놀려 패가망신하는 경우는 예나 지금이나 다를 바가 없는 듯 하다.

유식한 잡학

인도 여성의 사리

고대 중세의 힌두교 부인들은 왕녀라 할지라도 유방을 드러내 놓고 있다. 지모신地母神의 자혜의 빛을 여성의 상징인 유방으로 직접 받아 다산多産을 하자는 것이다. 그러나 무갈시대 이슬람의 영향으로 유방을 가리게 된다.

인도 여성에게 사리Sari의 용도는 다양하다. 첫째, 요리할 때 뜨거운 냄비를 사리의 끝으로 잡는다. 둘째, 우유 단지를 나를 때 파리가 앉지 못하게 사리로 덮는다. 셋째, 갓난아기를 뜨거운 햇볕으로부터 보호해준다. 넷째, 농작물의 껍질을 벗길 때 머리 위에 광주리를 얹고 사리를 펼쳐서 곡식이 미끄러져 내리게 한다, 등 여러 가지였다.

사리는 몸에 동여매는 의상으로 한 군데도 재단을 하거나 꿰매지 않는, 기원전부터 현대까지 이어져 내려오는 인도 여성 고유의 의상이다.

모르모트는 왜 실험동물이?

모르모트는 생후 두 달이면 어미가 되고 일 년에 두세 번 새끼를 낳으며 새끼는 생후 이틀이면 스스로 먹이를 먹는 등 번식력이 강하다.

모르모트는 또한 인체人體의 구조와 비슷한 점이 많다. 그래서 여러 가지 미생물 감염 실험에 쓰이고 있다.

결핵균에 대한 감수성과 면역학적 연구 실험용으로 불가결한 동물이기도 하다.

페루가 원산지로, 처음엔 애완용으로 사랑받다가 남미 원주민에겐 식용으로 사육되기도 했다.

모르모트로 불리고 있으나 기니피그라고도 부른다. 꼬리가 없는 것이 특색이며 사람과 같이 체내에서 비타민 C를 만들지 못한다.

유식한 잡학

최초의 타이어바퀴 속엔 물

아일랜드의 '존 보이드 던롭'에겐 '조니'란 아들이 있었다. 그는 아들에게 최신 유행의 자전거를 사주었는데 왠지 탄 기분이 좋지 않을뿐더러 조니가 자전거를 타고 마당을 돌 때 잔디 위에 깊은 골을 만드는 걸 목격하고 새 타이어의 개발을 착안했다.

던롭은 물 뿌리는 호스 속에 물을 넣고 시험을 해보았다. 이걸 보던 던롭의 주치의가 환자용 쿠션이나 매트리스에 공기를 넣듯이 호스 속에 공기를 넣어보라고 조언을 했다.

그래서 던롭은 수개월간의 연구 끝에 고무타이어를 개발했고 1888년에 이것으로 특허권을 취득, 전 세계의 자전거와 자동차 바퀴 속엔 공기가 들어가게 된 것이다. 지금도 던롭표 타이어가 있지 않은가?

게도 똑바로 걸을 수가

사람은 술에 만취하면 평형감각을 잃고 몸을 좌우로 흔들며 걷게 된다. 그런데 게는 앞뒤 다리가 몸뚱이의 양옆에 인접해 붙어 있어서 그 관절이 한 평면平面 안에서만 운동해 옆으로 가게 된다.

다만 몸과 접해 있는 부분의 관절이 회전운동이 되므로 마음만 먹으면(?) 앞으로 걸어가는 것이 불가능한 건 아니다.

그래서 어느 한가한 사람이 오디오에 디스크를 올려놓고 틀어놓은 뒤 게를 올려놔 보았다.

그렇게 약 20초 정도 돌아가게 한 뒤에 게를 바닥에 내려놓자 게는 약간 흔들리기는 하나 앞으로 걸어갔다고 한다.

평형감각을 잃으면 게도 앞으로 걸어가는 것이다. 물고기 역시 빙빙 돌리다가 풀어놓으면 주정꾼모양 물속에서 좌우로 흔들거린다.

유식한 잡학

몽둥이 같은 지휘봉

오케스트라의 지휘자는 젓가락보다 길고 가는 지휘봉을 휘두른다. 하지만 옛적의 지휘봉은 그렇지 않았다. 굵고 길며 무거운, 마치 단장스틱같은 것이었다.

그래서 요즘같이 한 손에 지휘봉을 잡고 휘두른 것이 아니라 양손에 들고 마룻바닥을 쿵쿵 두들겨서 템포를 잡았다. 그래서 그런 지휘법을 딱따구리식 지휘라고도 불렀다.

이탈리아 태생으로 프랑스에 귀화한 음악가 '장 밥티스트 륄리 1632~1687'는 국왕이 수술을 받고 쾌유되자 축하 음악공연을 열게 되었는데 그 지휘를 맡았다.

그는 지휘 중 흥분하여 마루를 두들긴다는 것이 자신의 엄지발가락을 두들기고 말았다. 통증이 심해 의사에 보였더니 발가락을 잘라야 된다고 권고했으나 륄리는 이를 거부했고 두 달 반 뒤에 상처가 악화돼 죽고 말았다.

우쿨렐레

우쿨렐레란 악기는 기타와 비슷한 하와이의 현악기絃樂器로 하와이안 뮤직에 쓰인다.

1870년경 포르투갈 사람이 하와이에 이주해왔을 때 마추에티란 악기를 가져왔고 그후 십 년이 지나서 '에드워드 파비스'란 영국군 장교가 하와이의 카라카우아왕의 궁전에 출입하다가 이 마추에티를 연주하게 됐다.

파비스는 왕을 즐겁게 하기 위해 마치 벼룩이 튀듯이 깡충깡충 뛰면서 악기를 연주했다. 이게 왕을 비롯한 신하들에게까지 큰 인기를 끌었다.

하와이 말로 벼룩을 '우크'라 하고 톡톡 튀는 걸 '레레'라 했으므로, 파비스는 금세 '우쿨렐레톡톡 튀는 벼룩'란 별명이 붙었고 동시에 그 악기 이름도 '우쿨렐레'가 돼버린 것이다.

유식한 잡학

최초의 스튜어디스는 간호사

미국 아이오와 주 출신 엘렌 처치란 간호사가 세계 최초의 스튜어디스 1호가 된다.

그녀는 비행기 조종의 경험도 있었는데 자신을 객실 승무원으로 쓰는 게 어떠냐며 유나이티드 항공사에 서신을 보냈다. 승객 중에 환자가 발생했을 때의 대비책으로 필요치 않느냐란 것이었다.

그래서 스튜어디스로 채용되어 1930년 5월 캘리포니아 주 오클랜드 공항 발샤이안행 항공기에 타고 11명의 승객 시중을 들었다.

이것을 시초로 항공사마다 스튜어디스를 채용케 되었는데 그녀는 얼마 후에 새로 채용되는 스튜어디스의 교관이 되기도 했다. 당시의 채용조건은 25세 이하로 정규 간호사의 자격이 있을 것과 체중 52킬로그램 이하, 신장 163센티미터 이상이어야 했다.

산수를 하는 까마귀

새 중에 까마귀가 영리한 것으로 알려져 있다. 어떤 사냥꾼이 차를 타고 가다 나뭇가지에 앉은 까마귀 한 마리를 엽총으로 쏴 떨어뜨린 일이 있었는데 몇 년 후 우연히 그 숲 근처에 차를 세웠더니 까마귀 떼들이 몰려와 신경질적으로 울어댔다고 한다.

그래서 사냥꾼은 자신의 차 넘버를 까마귀가 기억한 것 같다고 말했는데 이 경우 숫자를 기억했는지 차의 형태나 빛깔을 기억했는지는 분명치 않다. 그러나 까마귀가 간단한 산수는 하는 것으로 외국의 저명학자 연구 결과로 알려졌다.

즉 네 개의 알을 깐 까마귀 집에서 한 개를 꺼내 감추었을 때는 그 변화를 모르고 있었는데 세 개의 알을 깐 데서 그중 한 개를 감추어버리자 까마귀는 즉시 그 변화를 알고 어쩔 줄 몰라 하며 울부짖었다고 한다. 즉 3에서 1을 뺀 계산은 할 줄 안다는 결론이 나온 것이다.

유식한 잡학

치마폭 속에 애인 숨기기

19세기 중엽 프랑스 여성 사이엔 크리노린이라고 부르는 폭이 넓은 스커트가 유행했다.

요즘은 패티코트라고도 부르는데 그 당시의 것은 고래의 뼈로 새장같이 얽어맨 뼈대를 하반신에 걸치고 그 위에 스커트를 입는 것이었다.

어느 연극무대에서 주연 배우가 입은 걸 보고 유행 된 것이다.

그런데 당시의 프랑스 여성계엔 불륜이 성행했었고 애인과 사랑을 나누고 있을 때 돌연히 남편이 들이닥치면 이 크리노린 속에 애인을 감추기도 했다니 만화의 한 토막을 보는 듯하다.

또 이 스커트는 임산부가 임신한 모습을 감추는 데도 이용됐다고 한다.

피눈물 흘리는 도마뱀

도마뱀은 적에게 잡히면 자신의 꼬리를 잘라버리고 도망친다. 도마뱀의 꼬리는 구조가 잘려지기 쉽게 돼 있어서 그 절단 부분은 근육이 금세 수축되고 출혈도 멎게 돼 있다.

그래서 출혈과다로 목숨을 잃게 되는 일이 없다. 잘린 부분은 얼마 후에 다시 자라나게 돼 있다.

또 중부 아메리카 쪽에 서식하는 '뿔도마뱀'은 신장이 10~13센티미터 정도의 작은 체구인데 머리엔 돌기물이 있고 적을 만나 위기상황이 닥치면 적을 향해 눈에서 피를 내뿜는다.

왜냐하면 이 '뿔도마뱀'은 놀라면 먼저 몸이 돌연히 부풀면서 혈압이 높아지면 눈꼬리 근처의 모세혈관이 제풀에 터져 피를 뿌리게 된다. 물론 생명엔 지장이 없다.

유식한 잡학

바닷속엔 50억 톤의 금?

바닷물 1리터 속엔 약 35그램의 소금이 함유돼 있다. 이 소금을 지구표면 전체에 깔아보면 약 50미터의 두께가 된다. 또 바닷물 속엔 현재 103종의 원소가 함유돼 있다.

이 속엔 놀랍게도 금金까지 포함돼 있어서 세계의 바닷물 전체 용량 속엔 약 50억 톤의 금이 함유돼 있다는 통계가 있다. 이 많은 금을 내버려둘 수는 없는 게 인간인데, 독일에서는 이 금을 분류 채집하는 연구가 진행되기도 했다.

그러나 채산성이 없다는 결론이 나왔다. 50억 톤의 물량이라고 하지만 그것은 바닷물 전체의 용량 속에 함유돼 있다는 얘기이고, 백만 톤의 바닷물 속에는 불과 0.5그램의 금밖에 나오지 않기 때문이다.

말하자면 금을 채집하는 비용이, 채집한 금값으로는 도저히 충당할 수 없다는 얘기가 된다.

도시의 행진

그리스를 정복한 후 알렉산더 대왕이 동방 대원정기원전 400년쯤에 나선 것을 도시의 행진이라고도 부른다.

무기를 든 군대 뒤엔 무산無産, 파산시민과 상공업자가 뒤따랐고 그 뒤엔 수많은 노예가 줄을 이었다. 그리고 대왕은 정복지 곳곳마다 70개의 알렉산드리아 시市를 건설해 그리스 정복 때 몰락했던 무산시민들을 정착케 했다.

그리고 현지의 페르시아인을 행정고관으로 채용했고 그리스 군인과 페르시아 여인과의 결혼을 권장했다. 이러한 정책을 배경으로 그리스 문화와 동양 문화가 융합돼 '헬레니즘 문화'가 탄생했다.

알렉산더 대왕은 그리스 내부 모순과 국민 불만을 식민지 확장으로 해소했던 것이다. 다른 나라 이민족과의 전쟁을 일으켜 애국심과 동포의식을 호소해 국내 결속은 물론, 빈털터리가 된 국민들이 새로운 식민지에서 이윤을 얻게 만드는, 위정자로서 일거양득을 취한 것이다.

유식한 잡학

애국심으로 도둑질?

이탈리아 문예부흥기 때 화가 레오나르도 다빈치가 그린 〈모나리자〉의 모델은 플로렌스의 부호 프란체스코 델 조콘다의 부인 '리자'였던 것으로 알려졌다.

이 작품이 파리의 루브르 미술관에 전시돼 있던 중인 1911년 8월 21일 벽면에서 감쪽같이 사라진 사건이 발생해 큰 소동이 일어났다. 이 사실은 곧 세계에 알려졌으나 그림의 행방은 묘연했다.

그러다 1912년 11월 우연히 플로렌스에서 그림이 발견됐고 범인도 잡혔다. 범인은 이탈리아 미술관 직원 V. 페르기아란 사람이었다. 그는 〈모나리자〉가 당연히 모국인 이탈리아로 돌아가야 한다는 취지에서 훔친 것이라고 법정에서 진술했다.

이러한 그의 애국심이 인정되어 판결은 한 달 남짓의 금고형으로 관대하게 내려졌다. 이 판결이 옳은 것인지에 대한 판단은 각자에게 맡긴다.

7년 만에 완공한 최장 철도

미국 대륙의 서해안에서 동해안까지를 연결하는 대륙횡단철도 건설 계획은 1862년 의회에서 의결되어 공사에 착수, 불과 7년 만인 1869년 5월 10일에 완공됐다.

당시는 1861년부터 4년간 계속된 남북전쟁 와중이었다. 게다가 험준한 록키산맥이 공사 현장을 가로막고 있었다. 인디언의 빈번한 습격까지 받아가며 약 2,860킬로미터의 철도를 깔았다는 건 놀라운 사실이 아닐 수 없다.

공법工法도 다르고 중장비를 동원한 현재의 공사로 치더라도 이보다 빠를지는 의문이 생긴다. 이 '유니온 퍼시픽' 노선 건설에 종사한 중국인 노동자 수는 한때 2만 명에 이르렀고 이들은 침목을 깔고 레일을 운반하는 등 어려운 일은 도맡아 해냈다.

이 철도의 시발점이나 종점 근처 또는 유적지엔 '중국인 노동자'의 동상이라도 세워져야 될 것 같다.

유식한 잡학

과하마果下馬

BC 108년경 한漢나라 무제武帝가 침략해와 낙랑 등 사군四郡의 식민지가 생기자 그 주변의 부여, 고구려와 삼한三韓도 급속히 중국문화의 영향을 받게 된다. 그 당시 수렵·농경은 물론 행동의 신속성을 위해 말은 가장 귀중한 가축으로 초미의 관심사가 된다.

'부여에서는 명마名馬가 난다.', '과하마果下馬란 말이 그것이다後漢書 東夷傳.', '고구려에서는 높이 석 자인 말이 산출되며 주몽朱蒙이 탔던 말이 퍼진 것이라 하며 과하마라 부른다魏書 高句麗傳.' 이런 기록으로 보아 건장한 말이 아니라 작달막한 조랑말이었을 것 같다.

과하마란 뜻은 말을 타고서 능히 과일나무 밑을 지나갈 만하다는 데서 지어진 이름이다. 우리의 조상은 조랑말을 타고 들을 달리고 산에 오르고 수렵을 하고 전투도 했던 것이다. 또 부여에서는 벼슬 이름에 마가馬加, 우가牛加, 저가豬加, 구가狗加란 칭호가 있었으니 당시에 가축을 얼마나 중요시했는지를 알 수 있다.

파산선고 받은 대화백

르네상스 당시의 화가들은 왕이나 왕족들의 후원을 받아 대체로 가난의 구렁텅이에서 제작을 하지는 않았다.

그러나 '레오나르도 다빈치'와 쌍벽을 이루는 위대한 화가 '렘브란트'1606~1669는 네덜란드에서 태어나 라틴어 대학을 중퇴하고 화가를 지망, 초상화가로 일단 반짝하는 명성을 얻었으나 빛에 의한 명암明暗 표현을 중시한 그의 대표작 〈야경夜警〉은 비평가들과 미술애호가들에게 철저한 외면을 당했다.

말하자면 내면적인 인간성의 깊이를 표현하느니보다 외면적인 유사성을 대중은 더 중요시했던 것이다.

재료비는 자꾸 드는데 그림이 팔리질 않으면 금세 곤경에 빠진다. 화가는 첫 번째 아내가 사망하자 1656년엔 파산선고를 했고, 그후에 얻은 후처도 사망하고 아들마저 죽은 후 그는 유대인 친구의 초라한 집에서 임종을 지켜보는 이도 없이 쓸쓸히 숨을 거두었다.

유식한 잡학

현군賢君, 암군暗君

기원전 5세기경 중국의 춘추오패春秋五覇시대 때 제나라 '위왕威王'은 왕위에 오르자 9년간은 국정을 각 영주領主들에게 맡기고 자신은 탕아 또는 백치같이 놀고만 지냈다.

그러다 어느 날 돌연히 즉묵即墨이란 곳을 다스리던 영주를 불러 "임자가 내 욕을 자주 한다는 소릴 듣고 있는데 내가 알아본 바 즉묵은 실로 잘 다스려지고 있다고 알고 있네. 즉 임자는 내 측근에게만 잘못 보인 것일세"라고 칭찬을 하고 일만호一萬戶의 영토를 더 늘려주었다.

반면에 '아阿'란 곳을 다스리던 영주를 불러 "임자에 대한 평은

제齊
중국 전국시대의 7웅국七雄國의 하나. 진陳나라에서 제나라로 망명한 대부 전씨大夫田氏가 BC 5세기경의 전걸田乞·전상田常 부자父子 시대에 점차 제나라의 실권을 잡고, BC 391년에 전화田和, 전상의 후손가 주왕으로부터 정식으로 제후로서 인정을 받아 성립된 나라이다. 본래의 제齊, 姜齊와 구별하여 전제田齊라고 한다. 제나라의 영역은 산이나 바다의 물산이 풍부하고 도읍지인 임치臨淄: 濟南는 대상업도시로서 번창하였다. 특히 위왕威王·선왕宣王 시대가 전성기였으며, 타국으로부터 많은 학자들이 모여들어 직문稷門에서의 토론은 '직하稷下의 학'이라 하며 유명하다. 이웃나라인 연燕·위魏와 대립·교전하였으나 BC 3세기 말에 서쪽으로부터 진秦의 통일의 손길이 뻗쳐서 BC 221년 마침내 진에 항복하였다.

지극히 좋다네. 그러나 내가 알아본바 '아'의 백성들은 가난에 찌들어 있고 임자는 게으름뱅이였네. 즉 임자는 내 측근에 뇌물을 주고 있었던 걸세"라고 문책했다. 이어 '아'의 영주는 물론 그에게 정기적으로 뇌물을 받아오던 왕의 측근을 모조리 끓는 가마 속에 넣어 죽였다.

그 이후 제나라는 더욱 잘 다스려졌다. 이런 군주를 현군, 또는 명군이라 부른다. 측근의 아첨이나 이간질에 귀를 기울이는 군주는 암군이라 부른다.

유식한 잡학

신판神判

중세 유럽의 재판소에선 송사사건의 합리적 증명이 어려운 때엔 초자연적인 힘에 호소했다. 이는 신神의 판정을 받는 의식과 함께 물리적 시험을 하는 것으로 시죄법試罪法이라고도 불렸는데 크게 네 가지로 분류된다. 첫째, 열탕熱湯신판 : 혐의자나 피고의 손을 열탕 속에 넣어 그 화상의 정도를 보고 판정을 내리는 법. 둘째, 열철熱鐵신판 : 달궈진 철봉이나 철판 위를 걷게 한 후 화상의 유무有無를 보고 판정하는 법. 셋째, 냉수冷水신판 : 물속에 사람을 집어넣어 물 위에 뜨면 유죄, 가라앉으면 무죄가 되는 법. 넷째, 결투재판 : 법정에서 양자兩者가 결투용 무기로 싸워 이기는 자를 옳다고 판정하는 법.

앞의 세 번째까지는 혐의자나 피고가 일방적으로 시죄를 하는 것인데 네 번째 결투의 경우는 주체적 자기 실력에 걸고 증명시키는 것이니 이른바 '초자연적 성격'은 희박해진다. 그러므로 앞의 세 가지는 신판으로 볼 수 있어도 '결투재판'은 자력구제의 요소가 강하므로 순수한 신판으로 보긴 어렵지만 당시엔 신판으로 판단했다.

두 개의 기념 간판

포르투갈의 항해사 마젤란1480~1521은 최초로 세계 일주를 한 탐험가이다. 그가 필리핀제도에 상륙했을 때 세부 섬의 왕과는 우호를 맺었으나, 막탄 섬의 왕은 반기를 들고 마젤란과 전투를 벌여 그를 살해했다.

미국이 필리핀을 영유하고 있을 때 이 막탄 섬에다 작은 기념 간판을 세웠는데 그 내용은 '이 곳 땅에서 마젤란은 1521년 4월 27일 막탄 섬의 추장군대와 전투를 벌이다 별세했다'라고 썼다.

그러다 필리핀공화국이 독립하자 이 간판 옆에 새로운 간판을 세웠는데 거기엔 '이 곳 땅에서 1521년 4월 27일 라프라프와 그 부하들은 스페인의 침략자를 격퇴시켰고 그 지휘관 마젤란을 죽였다. 라프라프는 유럽의 침략자를 내쫓아버린 최초의 필리핀인이었다'라고 쓰고 있다.

이렇듯 하나의 사건이나 역사를 보는 시각은 제각각 나라의 입장에 따라 정반대가 되는 경우가 많다.

유식한 잡학

쿠투조프 대로

영국 런던의 가장 큰 네거리 트라팔가르 광장 가운데엔 높은 탑이 있고 그 위에 나폴레옹 함대를 격파해서 조국을 구한 넬슨 제독의 동상이 서 있다.

이와 거의 똑같이 모스크바의 서쪽 외곽에서부터 크렘린궁(宮)에 이르는 대로의 이름은 쿠투조프스키 포르스펙트 대로(大路)로 지금도 푸틴 대통령은 이 길을 거쳐 출퇴근 하고 있다.

또 제정러시아 때 건립된 개선문과 '보로디노' 전투 파노라마박물관이 있어 관광객의 발을 멈추게 하는데, 이것은 1812년 나폴레옹과의 전쟁에서 대승한 100주년을 기념해 1912년에 니콜라이 2세가 건립한 것이다.

쿠투조프스키 대로大路란 나폴레옹을 격파시킨 쿠투조프Kutozov 1745~1813 장군의 이름으로, 사실상 그의 탁월한 전략과 결단력은 나폴레옹의 대유럽 통합 황제의 꿈을 산산조각으로 부숴버렸다. 그는 전선에서 부상을 당해 오른쪽 눈을 실명한 불세출의 용장이었다.

우리나라의 이순신, 영국의 넬슨만 알려져 있는 까닭은 근 반세기 동안 폐쇄된 동구권의 영웅이기 때문에 우리나라 백과사전에도 그 이름은 올라 있지 않았다. 앞으로는 동구권의 역사를 더 자세히 알아둬야 할 것 같다.

모스크바 원정 Russian Campaign of 1812
나폴레옹의 대륙정책은 러시아와의 동맹이 필요하였으나, 특히 오스트리아 황녀와의 결혼은 러시아를 자극하여 반反프랑스적 태도로 일변시켰다. 1811년부터 러시아에 대한 감시가 강화되고, 1812년 5월 대륙봉쇄大陸封鎖를 어긴 데에 대한 응징으로 원정이 시작되었다. 프랑스군을 중심으로 70만 대군을 편성하여, 폴란드를 거쳐 모스크바 강가 보로디노에 도착하였다. 여기서 사령관 쿠투조프가 지휘하는 러시아군을 격파하고, 9월 2일 모스크바로 진입하였다. 며칠 뒤 러시아군의 초토전술焦土戰術로 시가지가 불타 나폴레옹 자신도 불에 휩싸일 뻔하였다. 10월 19일 나폴레옹은 귀국길에 올랐으나, 끈질긴 러시아군의 추격과 추위로 패주하였다. 10만 명이 포로가 된 원정의 실패는 이듬해 10월 라이프치히 패배와 더불어 나폴레옹 몰락의 결정적인 요인이 되었다.

유식한 잡학

박쥐우산 자랑하다

일본 명치시대 초기[1868], 개화기 때에는 검정 천으로 된 박쥐우산이 커다란 자랑거리였다.

포병 한 명이 비도 안 오는데 박쥐우산을 펴 들고 거닐고 있었다. 상인 하나가 이를 보고 "오! 오랑캐가 가는구먼"하고 웃어댔고 포병은 화가 나 우산꼭지로 상인의 얼굴을 찔렀다.

상인은 경찰서에 이를 고발, 경찰은 그를 잡아 참수해버렸다. 이에 격분한 포병부대장은 이를 상부에 보고, 해당 경찰서를 폐쇄시켜 버렸다.

또 1872년 9월엔 신문에 이런 기사가 났다. '개화의 선봉선생이 비단으로 된 박쥐우산을 펴 들고 가다 소나기를 만났다. 그는 주머니 속에서 기름종이로 된 비옷을 꺼내 그걸로 우산을 덮어 씌우고 자신은 비에 젖은 채 쏜살같이 뛰어갔다고.'

나일론이나 폴리에스테르 우산이 없었을 때의 일이다.

새까만 이 금지령

일본은 명치 4년1871에 개화정책의 일환으로 단발령을 내려 남자들에게 상투를 잘라버리게 했다. 그보다 일 년 앞서서는 부인들의 '오하구로ぉ齒黑'라는 풍습에 금지령을 내렸다.

그 당시까지 일본 여성들에겐 '여성의 하얀 이가 무섭게 보인다'고 해서 중년 여성들은 쇳가루에 식초를 섞어서 만든 액체를 재灰와 비슷한 오배자 가루에 섞어 나무 붓으로 이에 문질러 새까맣게 염색했다. 이것이 오하구로ぉ齒黑 풍습이었다.

일본 여성들은 이걸 사흘에 한 번씩 했다. 쇄국정책이 풀려 일본에 상륙한 외국인들은 먼저 일본 여성들의 새까만 이를 보고 기겁을 했다고 기록은 전하고 있다.

유식한 잡학

환관

'환관宦官'이라고 하면 대체로 중국의 궁중을 연상하지만 사실은 고대 그리스·로마시대 때부터 존재했다. 영어로는 유넉Eunuch, 고대 인도에선 호자Hoza라 불렀으며 어느 나라에서는 후궁에 처첩이 많을 수록 그녀들의 시중을 들기 위해 환관의 숫자도 늘어났다.

인도의 어느 소국의 궁중엔 환관이 2만 명이 있었다는 기록이 있다. 이들에 대한 호칭은 중궁中宮, 내시內侍, 근시近侍, 형인刑人 등이 있으며 우리나라에선 흔히 내시로 불렀다. 이들은 군주의 처첩 독점권 확보를 위해 인위적으로 성욕과 생식능력을 상실한 자들로 처첩들의 시중을 드는 것이 임무였다. 고대 아랍에선 하렘後宮제도와 동시에 환관제도가 생겨났다. 1621년 만주족의 태조太祖

궁형宮刑

고대 중국에서 실행하던 다섯 가지 형벌 중의 하나. 중국 고전의 기록에 의하면, 사형死刑·궁형宮刑·월형刖刑, 발뒤꿈치를 자르는 형벌·의형劓刑, 코를 베는 형벌·경형黥刑, 얼굴·팔뚝 등의 살을 따고 홈을 내어 죄명을 적어넣는 형벌을 5형이라 하는데, 이중에서 궁형宮刑 남녀의 생식기에 가하는 형벌로서, 남자는 생식기를 거세하고, 여자는 질을 폐쇄하여 자손의 생산을 불가능하게 하였으므로 사형에 버금가는 극형이었다. 중국의 왕궁에서는 예로부터 이 궁형에 처한 남자를 후궁에서 사용하였다. 이를 환관이라 하였는데, 후대에는 스스로 거세하여 환관이 되는 자도 있었다.

'누르하치'는 "제후들의 집에서 쓰는 노복奴僕들은 어렸을 때 거세해서 쓰도록 하라. 아니면 자라서 왕궁의 부녀자와 정사를 갖게 되고 발각되면 처형되기 때문이다"라고까지 지시했다.

또 8세 이전에 성기절제나 고환을 압박해 파괴된 어린이는 발육기간 중에 체질이 강하거나 영양이 좋으면 성기가 새로이 성장하므로 정기적으로 검사를 해서 3년마다 소수술, 5년마다 대수술을 받게 해 성기능을 파괴시켰다. 그럼에도 불구하고 그들이 처형되거나 죽은 후에 점검해보면 멀쩡한 가짜 환관이 끼어 있었다고 한다. 즉 그때에도 뇌물이 통했던 것이다.

유식한 잡학

내시의 한숨

평생을 정신적·생리적 고통 속에서 지낸 환관들은 바쁜 공무 중에 소변을 흘리는 경우가 있어 그들의 몸에서 나는 냄새는 남들의 눈살을 찌푸리게 했다.

중국에선 이런 내시들이 임종을 맞을 때에 또 하나의 시련을 겪었다. 즉 어렸을 때 잘라낸 성기를 그들이 관 속에 들어가기 직전, 시신에다 봉합을 해야 했다.

중국의 민간신앙을 보면 염라대왕은 육신이 완전치 않은 사자死者를 싫어해서 만약 성기가 없는 자를 보게 되면 내세에 암컷 당나귀로 태어나게 한다는 것이 있다.

청조淸朝 때에 환관을 집도한 도자장刀子匠은 그것을 방부처리해

서 작은 항아리에 넣고 밀폐해 높은 선반 위에 올려두고 보관했는데, 환관이 어느 정도 직위를 확보하고 나면 반드시 자신의 항아리를 확인해두고 임종에 대비해야 했다.

만약에 그 항아리를 찾을 길이 없을 경우엔 남의 것을 비싸게 사야 했다. 청조 말에는 그 값이 은銀 오십 냥이나 됐으니 그들은 임종도 눈물과 한숨 속에서 맞이해야 했던 것이다.

염라대왕閻羅大王
죽은 이의 영혼을 다스리고 생전의 행동을 심판하여 상벌을 주는 지옥의 왕. 『리그베다』에서 최초의 인간으로 죽음을 경험하고 그곳의 신이 된 야마천이 불교에 받아들여져 지옥의 왕이 되었다. 본래 야마는 욕계 육천 중 세 번째 하늘에 있었는데, 뒤에 지옥의 왕이 되었고 이름도 염마 또는 염라로 바뀌었다. 〈마하바라타〉에 따르면 피처럼 붉은 옷을 입고 왕관을 썼으며 물소를 타고 한손으로는 곤봉을, 다른 손으로는 올가미를 잡고 있다. 올가미는 죽은 이의 영혼을 묶는 포승줄이고, 곤봉은 정의로운 판정과 악을 섬멸하는 무기이다. 병病이라는 마차를 탄 모습으로도 그려지는데, 마차는 네 개의 눈이 달린 두 마리의 개가 끈다고 한다. 저승사자를 시켜 죽은 이의 영혼을 데려온다고 하며, 저승사자는 보통 검은 망토에 눈이 붉고, 머리털은 곤두섰으며 코는 마치 까마귀 부리와 비슷하다. 불교에서는 지장보살과 관련하여 등장한다. 특히 불교가 중국에 들어가 도교의 많은 부분을 흡수하면서 시왕十王이라는 독특한 개념을 낳았는데, 지옥의 주인이 지장보살로 바뀌고 염라대왕은 시왕 중 하나로 등장하게 되었다. 즉 시왕 중 다섯 번째 대왕으로 죄인의 혀를 집게로 뽑는 발설拔舌 지옥을 관장한다. 사람의 육십갑자 중 그가 다루는 것은 경자생과 신축생·임인생·계유생·갑신생·을사생이며, 탄생일은 3월 8일이라고 한다. 밀교에서는 천부天部에 있는 팔방천八方天 또는 십이천十二天 중 하나로 남방을 지킨다고 한다.

유식한 잡학

금金나라

여진족은 중국 동북 변경에서 사냥·목축·농업에 종사했던 용맹스런 민족이었지만 지식과 문명이 낮아 요遼의 지배하에 있었다. 이를 왕양 아쿠다 1068~1123가 단결시켜 독립의 가치를 높이 들었다.

이곳은 사냥에 쓰이는 해동청海東靑이란 매의 산지였고 해마다 요나라 조정에 헌납하고 있었다. 요와의 전쟁을 꺼리는 동족을 향해 아쿠타는 "해동청은 우리 땅에 태어나 요나라 하늘을 마음대로 날고 있는데, 요에 꼼짝 못하는 우리 현실이 어찌 억울하지 않은가?"라며 질타하고 요에 진격하여 이를 쳐부수고 48세에 왕위에 올라 국호를 '금金'이라 하였다.

금은 영구히 썩지 않는다는 뜻에서 붙인 이름인데 실제로도 사금砂金이 나와 경제에 도움이 되었다. 남방의 남송南宋과 동맹을 맺고 이민족의 인재를 쓰기도 했다. 동생과 아들들이 잘 단결되어 아구타의 사후 4년 만에 요와 북송北宋을 멸망시켜 거대한 패권국가가 되었다.

열차 창문에서 소변보기

일본에 최초로 철도가 개통된 것은 1872년 동경과 요코하마 사이였다. 처음에 서민들은 달리는 열차의 속도에 놀라 땅바닥에 엎드렸다가 지나간 다음에 일어서기도 했고, 무사들은 "오랑캐가 만든 '검정소'에게 질쏘냐?"며 말을 타고 경주를 하기도 했다. 열차 운임이 비싸 고급 공무원이 출장비로 타거나 회사 중역이 주로 탔다. 그런데 손님 중엔 소변을 참지 못해 열차 창문을 열고 일을 치르다가 철도원에게 들켜 법정까지 끌려가 벌금을 냈다고 1873년 4월 15일 ≪동경 일일신문東京日日新聞≫이 보도하고 있다.

열차엔 화장실이 없어 역에 도착할 때마다 손님들은 뛰어내려 용변을 보고 다시 타곤 했는데 창문방뇨 사건은 그치질 않았다. 이 벌금은 일반 근로자의 두 달치 봉급에 해당되는데 1882년 6월 23일자 ≪아사히신문朝日新聞≫도 방뇨벌금사건을 보도하고 있다. 그러다 객차 속에 정식으로 화장실이 설치된 것은 1889년부터였다.

유식한 잡학

환관 양산量産

중국 당나라 이전까지는 포로와 범죄자를 내시로 만들어 환관으로 삼았으나 그후에는 각 지방에서의 상납과 스스로 거세한 자自宮者라 부름로 충당했다.

일부 환관이 출세해 일가친척 모두가 부귀를 누리는 경우도 있어서 백성 중엔 자기 자식을 거세시켜 입궐케 하기도 했다.

중국에서 서민의 고통은 요즘 상식으로 볼 때 상상을 초월하는 것이었다. 후한後漢, 영제靈帝시대서기184 때 농민들이 일으킨 난亂은 황색 천을 머리에 둘렀다 해서 '황건黃巾의 난'이라 불렀으며 이들을 토벌한 관군 측 영웅들에 의해 후한은 망하고 삼국三國시대가

장각張角, ~184

황건적의 난의 지도자. 거록鉅鹿 출생, 중국 후한後漢 말기의 종교결사로서 후대 도교道教의 원류가 된 태평도太平道의 창시자 이다. 후한은 순제順帝 때부터 내정이 문란해지고 천재지변이 계속 일어나 사회가 어지러웠다. 그러한 상황 속에서 장각은 주술을 행하고 부적이나 영수靈水를 마시게 하여 병을 고친다는 요법으로 민심을 모아 태평도를 일으켰다. 이어 대현량사大賢良師라 자칭하고 제자를 각지에 파견하여 수십만에 달하는 대중을 조직화한 후, 184년 한왕조漢王朝 타도를 목표로 거병하였다. 반란군은 새 왕조의 출현을 표방하는 황색 천을 매고 있었으므로 '황건黃巾'이라 불렸고, 장각은 천공장군天公將軍이라 불렸으며, 두 동생과 함께 농민을 규합하였다. 그러나 그해 병사하고, 반란군도 황보숭皇甫嵩의 군대에 패함으로써 진압되었다. 그의 관은 파헤쳐지고 잘린 목은 뤄양洛陽으로 보내졌다.

시작되는 계기가 되었다.

이 농민들이 봉기할 때의 민요 내용은 다음과 같다. "대가리는 닭 같아서 잘라버리면 '꽥' 소리를 내고 운다우리 목숨이 무슨 가치가 있겠나. 겁나는 것이 있을쏘냐? 우리 보여주자꾸나! 우리들 잡어雜魚의 저력을……."

황건의 난은 장각張角이란 자가 주동자였고 그는 곧 죽었지만 난리는 십여 년을 끌었다.

스스로 거세해서 환관을 자원하는 자가 늘어날 만큼 일반 백성들의 생활은 처참했던 것이다.

유식한 잡학

값비싼 이집트 환관

고대 이집트에서의 거세술은 원시적이었다. 거세를 한 후 상처에 기름을 바르고 뜨거운 모래 속에 목만 내밀어 묻어두었다가 며칠 후에 꺼내는 방법으로 사망률은 75퍼센트에 달했다. 즉 네 명 중 겨우 한 사람이 살아남아 그 희소가치 때문에 퍽 비쌌다.

고대 인도에선 아편을 진통제로 썼고 잠을 재웠다. 중국에선 강한 술을 먹인 후 의자에 묶어놓고 석회石灰를 깐 함지 속에 앉히고 수술 후에는 지혈제를 발랐는데 이는 해부학적 원리에 부합되어 생존율이 높았다.

거세하는 도자장刀子匠에겐 은 여섯 냥을 지불했다. 사형 다음의 처벌로 궁형宮刑을 받은 『사기史記』의 저자 사마천司馬遷은 "인재자결引裁自決, 자살하고 싶다."이라고 자신의 재액을 한탄하며 통분 속에

지냈다.

더욱이 부모에 의해 환관이 되어 어마태감御馬太監까지 출세한 장충張忠 1506~은 아버지가 면회 오자 작대기로 때려눕힌 후 서로 얼싸안고 울음을 터뜨렸다.

그들은 노쇠해지거나 병이 들면 베이징 교외에 멀리 버려져 죽음을 맞이했다. 왕궁에선 궁중의 스캔들이 알려질까봐 겁을 먹었던 것이다.

1923년 6월 27일 자금성紫禁城에 불이 났을 땐 그 혐의를 쓰고 환관들이 쫓겨났으며 1924년 11월에 민국정부에 의해 마지막 황제 부의溥儀가 왕궁을 떠날 때에야 환관시대도 사실상 막을 내렸다.

세계 여러 나라의 환관

서아시아에서는 아케메네스 왕조의 페르시아에서 성행되었고, 이집트에서도 클레오파트라 7세 시대의 근위대장近衛隊長 포티누스도 환관이었다. 이어 그리스·로마로 전해진 환관의 풍습은 동東로마제국에서 성행하여 테오도시우스 1세346~395 이후 동로마 제국을 세운 아르카디우스 황제 때의 에우트로피우스, 테오도시우스 2세 때의 크리사피우스 등이 환관으로 권세를 떨쳤다. 유스티니아누스 황제를 섬기며 이탈리아에 진격해서 동고트 왕국을 멸망시킨 나르세스는 특히 유명한 환관이었다. 일부다처를 인정한 이슬람교 나라들에서는 후궁을 관리하기 위해 많은 환관을 필요로 하였으며, 오스만 투르크제국에서는 아프리카의 흑인이 이에 충당되었다. 또한 인도의 무굴 제국에도 많은 환관이 있었고 16~17세기에 일어난 페르시아의 사파비 왕조에서는 환관의 세력이 강하였다고 한다. 한편, 그리스도교가 유포된 후의 유럽에서는 환관이 점차 줄어들었는데, 이탈리아에서는 가톨릭 합창대에서 노래를 시키기 위해 아이들을 거세하였으나, 교황 레오 13세의 금령에 따라 소멸되었다.

유식한 잡학

염세별감 鹽稅別監

우리의 기본 조미료 소금은 고려 때부터 그 필요성이 더욱 절실해졌고, 암염이 없는 고장에서는 바닷물로 소금을 생산했다.

고려의 태조는 938년에 최승로崔承老에게 염분, 즉 소금 끓이는 가마를 주었는데 이것은 곧 제염권製鹽權을 주었다는 뜻이 된다. 또 소금 생산에 대해서 세금을 부과하고 이것을 징수 독촉하기 위해 염세별감을 전국적으로 파견했다. 그러다 1309년엔 소금을 국가에서 전매專賣키로 하고 사사로이 소금을 제조하는 자는 엄벌에 처했다.

1321년엔 개경開京, 개성에서 판매되는 소금은 세력가나 판매권자와 친근한 사람들이 모두 차지해서 백성은 얻기가 극히 어려웠다는 기록『고려사』 79권이 남아 있다. 당시의 소금은 특권층에겐 짭짤한 생활을 가져다주었고 서민층에겐 더욱 짠 생활을 강요했던 것이다.

산소가 없는 태양

가령 종이를 태양 가까이 가져가더라도 산소가 없기 때문에 종이는 타지 않는다.

다만 태양에 천 5백킬로미터 가까이 가면 1,000도 이상의 고온이 된다. 그 이상 뜨거워지면 종이의 분자分子가 증발해 가루로 흩어져 날아가버리게 된다.

따라서 타는 게 아니기 때문에 불길이나 연기는 피오르지 않는다. 종이를 집 밖에 오래 놓아두면 재처럼 흩어져 없어지는 것과 같다.

산소가 없는 우주 속에서 태양이 타는 이유는 태양에선 수소가 핵융합반응을 일으켜 산소가 없더라도 빛을 내는 것이다. 수소폭탄도 이러한 원리로 만들어진다.

유식한 잡학

입이 없는 곤충

뉴질랜드 북섬 와이토모 석회석 동굴 속에는 특이한 빛을 발하는 벌레가 서식해 관광객들의 눈길을 끈다.

알에서 부화된 유충은 6~9개월 동안 동굴 천장에 매달려서 빛을 내는데, 미세한 방울이 여러 개 달린 줄을 늘어뜨려서 모기 등 곤충을 유인해 영양분을 섭취한다. 곤충이 모여들게 그 방울에서 빛을 내는 것이다.

동굴 천장을 쳐다보면 그 빛이 깜박거리지 않고 계속 켜져 있어서 마치 은하수 같아 보인다. 이것이 번데기가 됐다가 성충이 돼 나오면 즉시 수컷은 암컷을 찾아 교미를 하고 암컷은 120개 정도의 알을 낳는다.

그런데 성충은 입이 없어 먹이를 섭취할 수 없어서 며칠밖에 살지 못하고 아사(?)한다. 유충은 어미의 시신을 먹이로 삼는다. 균상곤충의 일종인 이 벌레의 학명은 '아라크노캄파 루미노사'라 부른다.

고무타이어를 즐기는 '키아'

앵무새는 세계적으로 325종이 있으며 나무의 새싹과 버섯 또는 조와 피의 껍질을 벗기고 그 알맹이를 먹는다.

크기는 십자매보다 작은 것에서부터 닭만큼 큰 것까지 있는데 수컷은 사람의 말을 흉내 내기도 해 더한 층 사랑 받는다.

뉴질랜드에 사는 앵무새과의 키아Kea는 털은 예쁘지 않으나 발로 땅을 콩콩 밟고 다녀 익살스럽다.

또한 호기심이 강해 고무타이어만 보면 물어뜯는다. 먹기 위해 물어뜯는 게 새들의 특징인데 키아는 먹지 않으면서도 차의 타이어만 보면 너덜너덜해질 때까지 계속 물어뜯는다.

그래서 동물원의 키아 우리 속엔 자전거를 넣어둔다. 그러면 자전거의 타이어는 흔적조차 없이 뜯겨져 철골만 앙상하게 남는다.

유식한 잡학

워싱턴의 실리주의

미국 초대 대통령 조지 워싱턴이 독립전쟁 당시 미국 총사령관일 때의 일이다.

그는 "월급은 필요 없고 실제 쓰인 비용만 지불해 달라"고 말했는데 그 결과 그에게 주고자 한 급료보다 40만 달러나 더 많이 지출됐다. 요즘의 40만 달러와는 그 가치 기준이 엄청나게 다르다.

나중에 워싱턴이 미합중국 대통령이 됐을 때도 그는 역시 "월급은 필요 없고 실제 쓰인 비용을 지불해 달라"고 제안했는데 의회 쪽에선 "결정된 급료를 드릴 테니 그걸로 써달라"고 그의 제안을 일축해버렸다.

언뜻 듣기에 따라서 겸손한 것 같지만 현실적으로는 상당한 실리주의자가 된 결과를 초래했던 것이다.

2분간 연설

1863년 가을, 미국의 게티즈버그에선 전몰 장병을 위한 국립묘지 봉헌식이 열렸다.

유명한 웅변가 '에드워드 에버렛'이 두 시간에 걸쳐 연설을 한 뒤 링컨 대통령이 연단에 올랐다. 그런데 그는 딱 2분간의 짧은 연설을 했다.

이튿날 신문들은 에버렛의 연설내용을 대서특필하면서 "대통령도 연설을 했다"라고 간단한 기사를 덧붙여 실었다. 며칠 후 에버렛은 대통령에게 편지를 썼는데 그 내용은 "저의 두 시간에 걸친 연설이 각하의 2분간의 연설에 버금간다면 영광이겠습니다"라는 찬사였다.

이에 대해 링컨은 "선생 판단으로 내 연설이 실패하지 않았음을 알게 되어 마음이 놓입니다"라고 답장을 썼다. 이때 링컨의 연설 마지막 구절은 지금까지도 불후의 명언으로 남아 있다. 즉 '국민의, 국민에 의한, 국민을 위한 정치를 지상에서 영구히 살리기 위해또는 절멸시키지 않기 위해······.' 였다.

유식한 잡학

현군과 명보좌관

일본의 도쿠가와 막부德川幕府 260년에 걸쳐 15명의 장군내각제하의 총리격이 있었는데, 이 가운데 도쿠가와 이에미쓰德川家光와 도쿠가와 요시무네德川吉宗를 현군懸軍이라 부른다. 그런데 과연 그들만이 덕망과 지모로 현군 소리를 들었을까? 그들 뒤엔 그들의 감정 조절을 잘 한 보좌관이 있었던 것이다.

아베 다다아키阿部忠秋가 그런 인물이다. 어느 날 이에미쓰가 사냥터에서 돌아와 목욕을 하는데 욕조물을 조절하던 다카기高木란 자가 실수로 그의 등에 화상을 입혔다. 화가 난 이에미쓰는 보좌관을 불러 즉각 그를 처형해버리라고 불호령을 내렸다.

에도막부江戶幕府

도쿠가와 이에야스德川家康가 천하통일을 이루고 에도江戶, 현 도쿄에 수립한 일본의 부케정권武家政權, 1603~1867으로 도쿠가와의 성을 따라 도쿠가와막부라고도 한다. 그 지배체제는 가마쿠라鎌倉·무로마치室町막부에 비하여 강력하였으며 전국의 통치권을 장악, 구게公家·지샤寺社 세력을 통제하고 각처에 할거하는 다이묘大名들을 신속臣屬시켜 '막번체제幕藩體制'라는 집권적 지배체제를 확립하였다. 전국 수확고의 약 4분의 1에 해당하는 직할영토를 보유하고, 금·은·구리의 화폐발행과 주요도시를 직할하여 확고한 경제기반 위에 5~6만 명에 이르는 막강한 군사력을 지녔다. 막부의 직제는 다이로大老라는 최고직 한 명을 비상근非常勤으로 두고, 그 밑의 로추老中 4~5명이 정부를 총괄하고 와카도시요리若年寄는 로추를 보좌하는 한편 하타모토旗本 : 만석이하의 직속 무사를 감독하였다. 관리는 반가타番方:武官와 야쿠가타役方:文官로 구분되었으며, 17세기 이후는 쇼군將軍 직속의 소바요닌側用人을 두어 이들이 세력을 휘둘렀다.

    그날 저녁 이에미쓰가 반주를 들며 거나해졌을 때 아베 다다아키는 이에미쓰에게 조용히 다가가 "아까 욕조에서는 너무 화를 내셔서 지시사항을 잘 못 들었습니다. 그를 어떻게 처벌할까요?"라고 물었다. 이때는 이미 이에미쓰도 냉정을 되찾았으므로 "섬에 유배를 보내라"고 말했다.

    그래서 귀중한 생명을 건지게 되었고 얼마 후에 그는 특사로 풀려났다. 군주든 사장이든 그들의 나빠진 기분에 영합해 더욱 부채질한다면 그는 보좌관 자격이 없다. 또 이러한 '예스맨'을 보좌관으로 쓴 기업주나 고관은 결코 명성을 얻을 수 없다.

유식한 잡학

세 가지 샤머니즘

무당의 세계에선 인간이 죽으면 상계上界, 중계中界, 하계下界 중 한곳으로 가는 것으로 알고 있다.

샤머니즘에선 인간의 윤리문제에서가 아니라 영계靈界가 조작하는 재액災厄으로부터의 구원을 중요시 한다. 따라서 윤리나 죄의 관념 또는 심판과 같은 사상은 샤머니즘에선 희박하다.

이들에게는 사제직司祭織과 의무직醫務織, 예언직豫言織이 있으며 '사제'는 신령에게 제사를 드리고 영의 뜻을 사람에게 전달하는 것을 업으로 삼는다.

'의무직'은 악령을 쫓아내고 병을 고치는 것으로 식칼, 바가지, 독 등을 쓰는 직업무당을 뜻한다. 또 하나 '예언직'은 인간의 길흉

吉凶을 점치는 것으로 제祭와 정政이 일치했던 고대에서는 무당이 민중의 지도자요, 성인聖人이 되기도 했다.

태백산은 천제天帝, 태양, 신 등과 주신主神인 하느님을 제사 지내는 산이란 뜻이 된다. 『단군신화』의 신단수神檀樹 '서낭당의 신목神木을 중심으로 성읍城邑을 꾸몄다'라고 돼 있어서 앞서의 신화와 맥을 같이 한다.

그래서 무속세계에서도 단군을 무조巫祖로 숭배한다. 강화도의 마니산 정상의 '참성단'은 단군이 하늘에 제사를 지냈던 곳이다.

한국의 샤머니즘
국조 단군이 무당이라는 설도 있지만, 무속이 문헌상에 분명히 나타나는 것은 삼국시대로서, 신라 2대왕 남해차차웅南解次次雄은 왕호王號이자 무칭巫稱을 의미하며, 이외에도 『삼국사기』, 『삼국유사』에 단편적으로 무당의 기록이 보인다. 이렇듯 오랜 역사를 가진 무속은 오랜 세월의 흐름에도 불구하고, 오늘날까지 대다수 민중 속에서 크게 변질됨이 없이 존속되어 왔다. 무당의 형태는 지역에 따라 다소의 차이를 보이는데, 남부지역은 혈통을 따라 대대로 무당의 사제권이 계승되는 세습무가 지배적인 데 비해, 중·북부지역은 신神의 영력靈力에 의해 무당이 되는 강신무가 지배적이다. 이같은 무당의 성격차에 따라서 무속의 신관神觀·신단神壇·제의식祭儀式 등 전반에 걸쳐 대조적인 차이를 보이고 있다.

유식한 잡학

무당의 제기祭器

무당의 어원은 만주어로 음音·성聲·향響의 뜻을 나타내는 'Mudan'이다.

무당은 모든 물체엔 정령精靈이 있다고 믿는 자연숭배와 조령祖靈·사령死靈 등과 인간 사이의 중재 역할, 접촉 결합을 시킬 수 있다고 해서 대중의 지지를 쉽게 받아왔다.

이들이 벌이는 '굿'에는 세 가지 제기祭器가 있다. 악령惡靈이 방울소리를 싫어한다 해서 '방울'이 있어야 하고, 선령善靈은 북소리를 좋아한다해서 '북'이 있어야 했으며, 만물을 맑고 밝게 비춰준다 해서 '거울'을 필요로 했다.

이것은 제기인 동시에 성물聖物이기도 했다. 일본 왕실에서 모시고 있는 '삼종三種의 신기神器'인 거울·곡옥曲玉·신검도 이러한 무속에 의해 제기로 성물화된 것으로 봐야 한다.

칠면조

칠면조七面鳥는 독일어로는 트르트한Truthahn 또는 뿌터Puter라고 부른다. '트르트 트르트' 또는 '뿟트 뿟트'하며 우는 칠면조의 울음소리를 딴 것이다. 생산분포는 북미로부터 멕시코로 퍼져갔다.

벤자민 프랭클린미국 과학자·정치가은 이 새를 미국의 심벌, 국조國鳥로 합중국의 국장國章에 쓰자고 강력히 주장했다. 하지만 다수결에 의해 결국 '흰머리 독수리'로 결정됐다.

영어로 칠면조를 터키Turkey라고 부르는 까닭은 터키의 전통 나들이 옷같이 화려하다는 뜻에서 연유된다. 프랑스의 일부지역에선 제수이트Jesuite라고 부른다. 북미에서 처음으로 프랑스로 칠면조를 가져온 선교사 이름이 제수이트였던 관계로 그의 이름을 붙인 것이다.

비가 억수로 쏟아질 때 칠면조는 하늘을 쳐다보고 움직이질 않는다. 그래서 익사할 수도 있는데 그 이유는 아직 밝혀지지 않았다.

유식한 잡학

참수斬首와 교수絞首

중국에선 고대부터 근대까지 참수·교살·능지斬·絞·凌 등 극형이 있었다. 그런데 같은 처형이면서도 교살보다 참수를 한 수 높은 중형으로 쳤다.

'몸 전체는 부모에게서 받은 것이므로 훼손하면 안 된다'라는 전통적 유교관념에 따라 목이 잘려나가는 것보다 더 고통스럽더라도 교수를 원했던 것이다. 사형집행인은 이런 심리를 이용해 죄수의 친족으로부터 뇌물을 받았고 돈을 많이 주면 목을 자르되 가죽 한 거풀을 남겨 목이 몸에 붙어 있게 했다.

청대의 "옥중잡기方匋著에 의하면 돈을 전혀 안 주면 단칼에 벨 수 있는, 날이 시퍼런 귀두도鬼頭刀를 쓰지 않고 무디고 녹이 슨 칼로 여러 번 목을 쳐서 괴롭혀 죽였다"고 했으니 일본 속담인 "지옥에 가더라도 돈 주기 나름……"이 상기된다.

능지처참

TV 사극을 보면 능지처참이란 말이 자주 나온다. 중국에서의 능지凌遲는 작은 칼로 죄수의 온몸을 계속 도려내어 죽이는 방법을 말한다. 8도刀에서부터 120도까지 구별이 있다.

1~2도는 죄수의 양쪽 눈썹살을 잘라내는 것, 3~4도는 양쪽 어깻살, 5~6도는 좌우의 젖가슴을 도려내는 것 등으로 긴 시간에 걸쳐 가장 잔인하게 처형하는 방법이다.

이보다 더 잔혹한 능지처참으로 발가벗긴 사형수의 온몸을 그물로 꽁꽁 묶은 뒤 그 그물 사이로 삐져나오는 살을 하나하나 저며가는 방법이 있다.

이를 일명 비늘 벗기기 형벌이라고도 부른다. 이때에도 집행관은 죄수의 친족들에게 속삭이듯 말을 해 돈을 뜯어낸다.

즉 "한두 번 저며가다가 심장을 단숨에 찔러서 편안하게 죽일 수도 있소만, 어떻소?"라고······.

유식한 잡학

눈물 나는 부동자세

영국 런던의 버킹엄궁宮이나 윈저성城의 위병들은 꼼짝하지 않고 부동不動자세로 서 있어서 뭇 관광객들이 다가가 기념촬영을 하곤 한다. 그리스 아테네의 무명용사 묘비의 위병, 중국 천안문 광장의 위병, 역시 꼼짝하지 않고 서 있다.

일본의 경우는 이미 도쿠가와 막부 1600년대 중반기 때부터 부동자세로 경비를 맡았던 위병 겸 경호병이 있었다. "눈이 오면 이가모노伊賀物가 운다"는 말이 일부 지역에선 아직까지 남아 있다. 이가모노란 닌자忍者: 무술에 능하며 전시엔 척후병이 되거나 적진 침투를, 평소에는 장군의 경호를 맡는 사람을 뜻한다. 도쿠가와의 거처인 성 안에 눈이 내리면 그곳에 있는 하녀들약 3천 명이 마당에 나와 스트레스 풀이로

위병衛兵, Guard

무대 내의 인명과 재산을 보호하고 군기와 질서를 유지하기 위한 목적으로 부대 안이나 군함 내에 배치되는 병兵 또는 병의 집단으로 특정한 정부 기관이나 궁전 등에 배치되어 경비에 임하거나 의장儀仗 행사를 임무로 하는 위병도 있다. 일반적으로는 부대원이 순차적으로 교대하면서 위병근무를 위해서 특별히 편성된 부대도 있다. 또한 미국 해군의 경우와 같이 해병대와 같은 특수한 집단이 위병근무를 담당하는 경우도 있다. 위병은 통상 영문營門 또는 군함의 현문舷門·탄약고·무기고·영창, 지휘관의 집무실과 숙소 기타 중요 시설과 부대 주위 등에 배치되며, 위병근무를 감독하고 지휘하기 위해 위병장교·위병사령·위병중사 등이 임명된다. 위병은 부대의 기상 및 취침신호를 발하고 국기의 계양과 강하행사를 주관하며, 경비장소에 따라 정해진 수칙守則에 의해서 근무할 뿐만 아니라, 순찰조를 편성하여 24시간 순찰 또는 순라巡邏한다. 일반 부대의 위병은 위병임을 표시한 철모·헬멧·완장을 착용하는 것이 상례이나, 궁전이나 국가원수의 집무실을 경비하는 위병 가운데에는 특별히 제정된 복장이나 전통적인 옛 군복을 착용하는 수도 있다. 위병의 교대시에는 규정에 의한 의식행사가 행해지는 것이 상례로 되어 있으나, 그중에서도 로마 교황청이나 런던의 버킹엄궁전과 같은 유럽의 궁정위병의 교대식은 위병들의 복장과 함께 하나의 관광요소가 되고 있다.

눈싸움을 한다.

그러면 그녀들의 경호를 맡은 이가모노들이 동원돼 몸을 돌려 뒷모습으로 손을 맞잡고 원을 만든다. 장군총리격의 아이를 낳을지도 모르는 하녀들에게 천한 남성들의 모습을 보여주지 않기 위해서 강강수월래 형태로 늘어서되 부동자세를 취하는 것이다. 그러면 욕구불만에 차 있던 하녀들은 눈을 뭉쳐 경호병의 목덜미 속에 쑤셔넣기도 하고 머리 위에 쌓아올리기도 한다.

그래도 이가모노伊賀物들은 목소리를 내지 못하고 움직여서도 안 된다. 그래서 "눈이 오면 이가모노가 운다"는 말이 생겨난 것이다.

유식한 잡학

호랑이 고기

이승만 초대 대통령에게 일본 요시다 시게루吉田茂 수상이 "한국엔 요즘도 호랑이가 많이 있냐"고 물어보자 이 대통령이 "임진왜란 때 가토 기요마사加藤淸正가 다 잡아가서 없다"고 대답을 해 파안대소 했다는 일화가 있다.

실제로 임진왜란 당시 우리나라에는 호랑이가 많았고 일본 무장들은 이것을 잡아 도요토미 히데요시豊臣秀吉에게 진상했다.

이는 도요토미가 대단한 호색가로 몸이 쇠약해 있었고, 호랑이 고기가 건강에 좋고 정력에도 효과가 크다는 잘못 전해진 소문 때문이었다.

시마즈라는 무장이 진상을 얼마나 많이 했던지 도요토미의 비서실장이 '소금에 절인 호랑이 고기를 보내와 대단히 고마운데 현재 고기가 너무 많이 쟁여 있으니 그만 보내라'고 서신을 보낸 것이 아직까지 남아 있을 정도다.

등용문

요즘도 사시나 행시에 합격하면 등용문登龍門에 들어섰다고 하고, 운동선수들이 프로 테스트에 합격하면 등용문을 통과했다고 한다.

그럼 등용문이란 어디에 있는 문을 말하는 것일까? 옛 중국에서 관리 시험에 합격한 사람을 보고 하던 말이 우리나라와 일본에 전해진 것이다.

거슬러 올라가지 못하는 곳이 있고, 그곳을 용문이라 불렀다. 만약 잉어가 그 물을 거슬러 올라가면 용이 된다는 이야기가 옛부터 전해 내려오고 있어 그 어려운 고비를 등용문, 즉 출세의 관문이 되는 시험을 등용문이라 부르게 된 것이다.

유식한 잡학

마릴린 먼로의 사진

몇 가지 재미있는 진기록이 있다.

현존하는 사진의 수효 중 가장 많은 것은 미국 여배우 '마릴린 먼로'의 사진이라고 한다. 역시 그녀의 연기를 실감할 수 있는 진기록이다.

또한 미국에서는 우편물 집배원 수보다 정신분석학자의 수가 더 많고, 세계에서 변호사 자격증을 가진 사람 70퍼센트가 미국에 살고 있다1991년고 한다.

서유럽이 지금과 같은 상태로 지반침하地盤沈下가 계속되면 20만 년 후엔 파리의 에펠탑도 바다 속에 잠긴다고 한다.

기연 奇緣

 미국의 링컨 대통령에게는 '케네디'라는 이름의 비서관이 있었다. 그리고 케네디 대통령에게는 '링컨'이라는 비서관이 있었다.
 프랑스 혁명 때 단두대기요틴에서 처형된 귀족들의 피부껍질은 가죽으로 가공되어 새 헌법의 첫 번째 표지로 쓰였다.
 그런데 새 헌법의 주요 골자는 '자유·평등·박애'였다.
 기원전 1232년 이집트의 메루엔푸다하 왕은 이집트를 침략한 리비아인을 격퇴했다.
 왕은 승리의 기념으로 리비아인들의 시체에서 성기를 잘라 모으게 했다. 그리고는 천 3백 개의 성기를 자신의 온몸에 매달고 환호성을 내질렀다.

유식한 잡학

아무도 잊지 않으리

제2차 세계대전이 한창이던 1941년 9월 8일 당시 레닌그라드로 불리던 상트 페테르부르크는 독일군에 의해 완전 포위됐다. 발트해를 통해 들어오던 미국의 식량과 군수품 루트를 막자는 게 독일군의 목적이었다. 인구 350만 명의 대소비 도시는 완전 고립되어 공장과 교통은 물론 전기까지 끊긴 상태에서 포탄만이 퍼부어졌다.

시민들은 개와 고양이, 쥐까지 잡아먹었고 구두가죽까지 식용으로 바뀌었다. 라도가 호수 밑바닥에 설치돼 있던 연료의 파이프 라인이 유일한 생명선이었다. 전쟁이 끝난 후 사망자는 67만 명이고 그중 64만 명이 기아로 죽었다고 공식 발표됐으나 실제로는 백만 명 정도라는 견해도 있다.

1943년 1월 18일 겨우 열차가 개통되었고 전후에 세워진 이 도시의 기념탑엔 '아무도 잊지 않으리. 무엇 하나 잊지 않으리'라는 진혼시가 새겨져있다.

콘돔 기담(奇談)

1750년 런던에선 이미 퍼킨스라는 부인과 필립이라는 부인이 콘돔을 판매했다. 『존슨전(傳)』을 쓴 제임스 보스웰은 자신의 일기에 콘돔을 사용했다고 쓰고 있다.

즉 1763년 5월 10일 "런던의 다리 부근에서 싱싱한 여인을 만나 사랑을 나누었다. 그것(콘돔)으로 완전무장을 하고……"라고,

아일랜드의 항구에선 1975년까지 콘돔 등 피임기구 반입을 금지했고, 다만 개인 사용 목적은 허용한다는 새 법을 만들었다.

1978년 가방 속에 4만 개의 콘돔을 숨겨 들여오던 신사 한 사람이 세관원에게 적발되어 막대한 세금을 물게 됐는데, 놀랍게도 "전부 내가 쓰기 위해 장만한 것"이라고 말하자 무사통과 됐다. 그때 콘돔의 유효기간은 5년이었다.

유식한 잡학

열탕신판 · 열철신판

독일 역사학자 겐그라의 「게르만의 법고사록法古事錄」엔 중세 때의 열탕신판熱湯神判에 대한 실례가 기록돼 있다. 성마리아 앙지애 수도원과 근린 귀족들 간에 포도 과수원 소유권을 둘러싸고 열탕신판이 열렸다.

먼저 사제의 미사로 시작해 피고가 된 귀족 헤르나르도스가 교회에서 내준 제복과 악마를 내쫓는 엑소시스트의 의복을 입는다.

그리고 십자가에 키스하고 성수를 마신 후 펄펄 끓는 가마솥 물 속에 손을 넣었다 꺼낸 후 붕대를 감고 봉인했다.

귀족은 고통에 비명을 질러댔고, 3일 후에 봉인을 뜯어본즉, 부어올랐던 손은 화상으로 썩어 있었다.

그래서 신의 힘에 의한 진리가 명백해져 포도원의 소유주는 수도원 측으로 되돌아갔다는 기록이다.

열철신판熱鐵神判도 열탕신판과 거의 비슷한 순서로 진행됐지만 불에 달구어진 철판을 잡고 약 3미터를 걸어간 후 역시 붕대를 감고 봉인했다가 3일 후에 풀어보아 곪는 피가 나오면 유죄요, 상처가 없으면 무죄가 됐다.

열철신판은 대체로 간통 혐의를 받은 여성이 무고를 증명하기 위해 많이 받았던 것으로 기록돼 있다. '마녀사냥'이라는 이름 아래 행해진 화형도 이와 비슷한 맥락이다.

마녀사냥

마녀사냥은 15세기 초부터 산발적으로 시작되어 16세기 말~17세기가 전성기였다. 당시 유럽사회는 악마적 마법의 존재, 곧 마법의 집회와 밀교가 존재한다고 믿고 있었다. 초기에는 희생자의 수도 적었고, 종교재판소가 마녀사냥을 전담하였지만 세속법정이 마녀사냥을 주관하게 되면서 광기에 휩싸이게 되었다. 마법과 마녀는 그 시대가 겪었던 종교적 빈민에서 탈출하는 비상구였던 동시에 자신의 권력을 유지하기 위한 수단이었다. 이러한 종교적 배경과 함께 마녀사냥이 폭발적으로 증가한 것은 중세사회의 혼란이었다. 마녀사냥은 개인적·집단적으로 농촌사회가 분열되고 개인들의 관계가 파국에 이르렀을 때 나타나곤 하였다. 종교전쟁, 30년 전쟁, 악화되는 경제상황, 기근, 페스트와 가축들의 전염병이 당대 농촌사회를 휩쓸었던 불행이다. 사람들은 연속된 불행에 대한 납득할만한 설명을 찾아냈고, 마침내 불순한 사람들인 마법사와 마녀의 불길한 행동에서 찾아냈다. 이처럼 악마와 마법 그리고 마녀가 공동체를 파괴한다는 신념은 지배계급과 당시의 지식인인 신부와 법관들이 만들어낸 문화적 산물이었다. 마녀사냥의 주된 공격대상은 과부 즉 여성이었다. 신학적 관점에서 볼 때, 여성이란 원죄로 각인되어 있는 존재이기 때문이다. 여성은 악마의 심부름꾼이라는 생각이 사람들에게 있었고, 여성의 육체 자체가 두려움을 자아낸 것이다.

유식한 잡학

결투재판

결투決鬪재판은 봉건제도와 기사시대에 알맞은 재판 방법이었다. 12세기 노르만인 윌리엄 1세가 영국을 정복한 후, 윌리엄 2세가 다스릴 때의 일이다.

윌리엄 2세에게 아첨하기 위해 '오가'라는 영국인이 왕자 에드거를 대역죄로 고발해왔다. 에드거가 왕위 계승권을 갖는다고 주장했다는 것이다. 이 사건은 결투재판으로 이어졌다. 에드거는 이미 고령이었으므로 대투사代鬪士, 결투인의 대리인로 '고드윈'을 내세웠다. 쌍방의 장갑이 제출되고 재판관이 이것을 결투장에 내던지는 것으로 결투는 시작됐다. 고드윈이 거의 이겨갈 때 칼이 부러

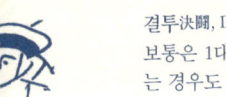

결투決鬪, Duel

보통은 1대 1로 하지만, 한 명 대 여러 명, 여러 명 대 여러 명으로 하는 경우도 있다. 1세기경의 게르만 민족에는 개인 간의 분쟁을 격투로 해결하는 풍습이 있었는데, 이것이 후세의 결투의 원형으로 생각된다. 그 후 결투는 신의 심판이라고 생각하였으며, 신은 옳은 자 편에 선다고 여겼다. 이러한 재판적인 결투는 유럽 각지에 퍼졌고, 10~11세기의 프랑스에서 특히 성행하였는데, 죄 없는 사람이 지는 폐단도 생겼기 때문에 15세기에는 금지되었다. 대신 근대적인 명예를 위한 결투가 프랑스에서 시작되었으며, 상류사회와 문인, 저널리스트, 정치가 사이에서 특히 성행하였다. 결투에 사용된 무기는 칼이나 권총이었으며, 칼은 가늘고 곧은 삼각형 날이 있는 것, 권총은 안에 홈이 없고 길이가 9인치를 넘지 않는 강철제, 또는 뇌관식雷管式 격발장치擊發裝置를 가진 것 등을 합의에 의해서 선택하였다. 칼로는 서로 찌르기를 하였고, 권총은 10보내지 20보를 두고 발사하되 탄환은 3발씩, 합계 6발 이상은 쓰지 못하였, 결투의 도전은 한쪽 장갑을 상대방에게 던지고, 그것을 상대방이 주우면 승낙하는 것이 되었다. 서로 세컨드입회인는 두 명씩이었다. 이러한 명예를 위한 결투는 프랑스 전국에 유행하였으나, 패자의 관계자가 다시 도전하는 악습이 생겼기 때문에 여러 차례 금지령이 포고되었다. 혁명 후에는 권총의 경우는 명중이 불확실한 거리를 두기로 하고, 칼의 경우는 한쪽이 조금이라도 출혈하면 그만둘 것을 원칙으로 해서 근년까지 행해졌다. 이 풍습은 영국을 비롯하여 전 유럽에 퍼졌고, 미국에서도 개척시대에 권리나 권력에 따른 알력에서 종종 권총 결투가 벌어졌다.

졌고 오가는 이때다 싶어 맹공격을 가했다. 고드윈은 부러진 칼자루를 주워 들고 오가의 눈을 찔렀고 고통 때문에 쓰러진 오가는 장화 속에 숨겨둔 단검을 꺼내 들었다.

그러나 이것은 결투방법의 서약에 위배된다며 중개인이 달려들어 빼앗아버렸고, 모든 것을 체념한 오가는 자신이 한 고소는 무고였다고 자백했다. 그러나 고드윈은 계속 오가의 상처 난 부위를 찔러 그 자리에서 절명케 했다. 결투재판은 신만이 아는 진실을 밝히는 증명이라고 말하면서도 실제는 싸우는 자의 실력이 좌우한다는 것을 모두들 알고 있었다.

유식한 잡학

독설

독일의 문호 괴테는 이런 말을 했다. "사람이 개를 좋아하는 것은 하등 이상할 게 없다. 개도 사람과 똑같이 저질스러우니까……."

아랍의 격언에는 이런 말이 있다. "여성을 선택하는 것은 뱀이 우글거리는 부대 속에 손을 집어넣는 것과 같다. 운이 썩 좋아야 독이 없는 뱀을 잡는 정도에 그친다."

이탈리아의 독재자 무솔리니는 이렇게 말했다. "나는 이류국의 일류 수령이지만 히틀러는 일류국 속의 이류 지도자일 뿐이다."

몇 해 전 우리나라의 어느 재벌 총수가 "우리나라의 경제인은 일류이고 정치인은 삼류"라는 말을 해 화제가 된 적이 있는데, 혹시 무솔리니의 말을 인용한 것이 아닌지.

나폴리병

1493년 콜럼버스가 아이티 섬에서 돌아와 바르셀로나에서 이사벨 여왕에게 귀국 보고를 하는 동안 아이티의 풍토병인 매독이 선원들에 의해 시 전체에 퍼졌다. 이듬해인 1494년 프랑스 샤를 8세의 3만 프랑스군이 물밀 듯이 이탈리아를 침공, 나폴리까지 포위했다.

프랑스군은 각국의 용병으로 이뤄져 있었는데 그 가운데 스페인 병사들이 관계한 매춘부를 통해 군 전체에 급속히 매독이 퍼져버렸다.

이탈리아 정복을 눈앞에 두고 포위군 중 어떤 부대는 전체가 매독으로 괴멸 상태에 이르자 샤를 8세는 부랴부랴 전군을 이끌고 프랑스로 후퇴했다.

그후 프랑스에서는 매독을 '나폴리병病'이라 불렀다. 프랑스로부터 전염된 다른 나라에서는 '프랑스병'이라 부르기도 했다.

유식한 잡학

르네상스의 불길

중세 때 이탈리아는 로마 교황·나폴리·베네치아·밀라노·피렌체의 5대 세력이 서로 대립해 항쟁하였다. 그중 피렌체는 모직물, 비단공업, 무역, 금융업으로 전 유럽을 상대로 차관을 해주기도 했다. 그 중심에는 거상 메디치가※가 있다. 전체 시장을 독점한 메디치가는 1434년부터 1494년 사이에 민중을 보호했고, 학자와 미술가를 우대해 모든 분야의 천재들이 모여들어 창작 분위기가 고조되어 문예 부흥기를 이룬 토대가 되었다.

이탈리아 르네상스의 단테, 보카치오 등 문학가와 조토, 다빈치, 미켈란젤로, 라파엘로 등 화가, 사상가 마키아벨리가 모두 피렌체 출신임을 보아도 알 수 있다.

분열된 이탈리아에 비해 왕권이 강화된 프랑스는 샤를 8세가 1494년 밀라노·피렌체·나폴리를 점령했고 계속된 전쟁1521~1544으로 이탈리아는 황폐해졌다.

또 아프리카 남단을 돌아가는 인도 항로의 개척으로 지중해를 경유하는 무역이 쇠퇴하자 르네상스 전성기의 불도 꺼져갔다.

메디치가 Medici Family

이탈리아 르네상스의 보호자로서 뿐만 아니라, 당시 유럽 금융업자로서, 피렌체공화국과 토스카나공국公國의 지배자로서 유명하다. 원래 피렌체 동북의 무젤로 지방 출신인 메디치가는 상업으로 성공하여 14세기부터 피렌체의 정치계에 등장하였다. 치옴피의 폭동1378~1382 때, 이 가문의 한 사람인 살베스트로는 민중 편에 가담하여 지배층에 대한 공격에 앞장섰기 때문에 중망衆望을 얻었다. 얼마 후 조반니 디 비치1360~1429는 상업과 교황청敎皇廳의 은행가로서 거금을 모으자, 이를 발관으로 정치계에 투신하여 활약하였다. 그의 아들 코시모 데 메디치1389~1464 : 일명 코시모 일 베키오는 구舊지배층과 대립하여 수년 동안 추방을 당한 후, 민중의 지지와 상업 자본에 힘입어 정권을 장악하고 피렌체 공화국의 발전에 기여한 공으로 '국부國父'의 칭호를 받았다. 그는 유럽의 16개 도시에 은행을 세우는 한편, 교황청의 재정을 장악하여 막대한 재산을 축적했으며, 사재私財를 시정市政에 투입하고 학예學藝를 보호·장려하였다. 그의 손자 로렌초 데 메디치1449~1492 : 일명 로렌초 일 마그니피코때에 피렌체와 메디치가의 번영은 정점에 달하고, 그의 뛰어난 외교수환으로 피렌체가 이탈리아 정치의 중추적 지위를 차지하였다. 피렌체의 르네상스문화가 최고조에 이른 것도 이때인데, 인문주의적 교양을 폭넓게 지녔던 그는 학예, 특히 철학 연구를 장려하였다. 그의 뒤를 이은 피에로1471~1503는 무능하여 프랑스왕 샤를 8세의 침입을 받자 이에 굴복하여, 시민들의 반발을 사서 추방되었다1494. 메디치가는 1512년 피렌체로 복귀하여 교황 레오 10세, 클레멘스 7세를 배출하였다. 독일의 황제 카를 5세가 남하南下했을 때로마의 약탈, 잠시 피렌체를 쫓겨난 메디치가는 얼마 후 황제의 힘을 빌려 복귀하였으며, 가문을 이은 먼 친척인 코시모 1세1569~1574가 1569년 토스카나 대공大公이 되었으며, 그의 아들 프란체스코1541~1587는 과중한 세금을 거둬들여 경제를 거의 파탄지경에 몰고 갔으나 예술과 과학의 후원자로서는 존경을 받을 만하다. 그의 딸 마리아 데 메디치는 프랑스왕 앙리4세의 왕비가 되어 역사상 '마리 드 메디시스'로 알려져 있다. 메디치가는 그 후 유럽의 군주들과 혼인관계를 맺었다. 그후 차차 세력이 쇠퇴하여 1737년 7대째의 대공大公 잔 가스토네의 죽음으로 가계가 단절되었다.

유식한 잡학

물 조심하세요!

매독의 만연으로 유럽에 공중탕이 자취를 감추자 사람들은 점차로 청결과 거리가 먼 생활로 접어들었다. 가정에 욕실을 만들 여유가 없는 서민들뿐 아니라 프랑스의 루이 14세도 일 년에 한 번 정도만 목욕을 하는 바람에 속옷엔 이가 득실거렸다. 대개의 가정엔 화장실이 없고 항아리에 용변을 보았다가 아침에 창문을 열고 '물 조심하세요!'라고 소리를 지르며 쏟았다고 하니 놀라울 따름이다. 시市의 청소 담당이 치웠으나 온 도시엔 악취가 진동했다. 공중변소가 없어서 사람들은 광장이나 나무그늘에 용변을 봤다. 이 때문에 루이 14세는 파리란 도시 전체가 싫어져 교외의 베르사이유에 새 궁전을 짓도록 명령했다. 착공 후 20년이 지나도 미처 완성되지 않았으나 루이 14세는 왕궁과 정부를 이곳으로 옮겨갔다. 근래까지 그 베르사이유 궁에도 화장실이 없었던 것으로 기록돼왔으나 최근에 사실이 아니었음이 알려졌다. 다만 궁 밖의 정원과 수목들은 여전히 용변의 온상이었다.

갑골문과 형벌

갑골문甲骨文은 중국 은왕조殷王朝, 약 3천5백 년 전 개국, 629년 만에 망함의 유적지에서 발견된 거북이 껍질이나 동물 뼈에 새겨진 최고最古의 고대 문자를 말한다.

그런데 갑골문엔 당시 죄수들에 대한 형벌의 유형에 대한 글씨체가 남아 있다. 즉 죄수의 코를 베어버리는 의형劓刑과 죄수의 다리를 한쪽 톱으로 잘라버리는 비형剕刑과 성기를 제거하는 궁형宮刑, 여성에겐 자궁을 폐쇄시킴 등이 그것인데 형벌의 형태가 갑골문엔 상징적으로 형상화 되어 있어 흥미롭다.

아무튼 3천 년 전에도 범죄자들은 많았고 그에 대한 형벌 형태도 가지가지였다는 걸 알 수 있다. 그렇다 치더라도 형벌의 가혹함은 인도주의를 크게 벗어난 것인데, 만약에 형벌을 가한 후에 무죄가 입증된다면 그 보상을 대체 어떻게 받아내야 될까? 상상만 해도 끔찍하다.

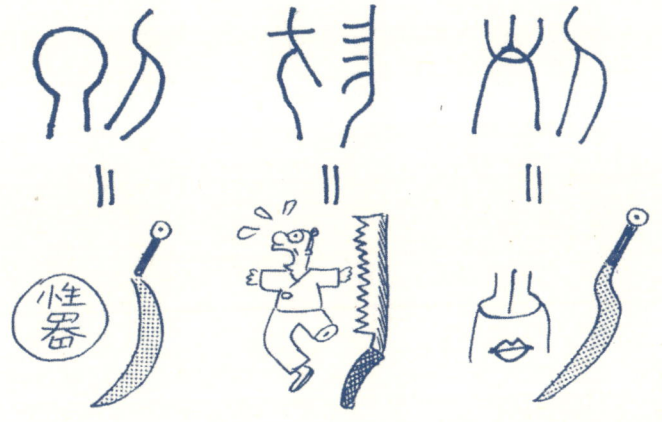

유식한 잡학

미칠 광狂 자

한자의 조상이 되는 상형문자는 약 3천5백 년 전의 중국 은나라 시대의 갑골문에서 볼 수 있다. 눈에 보이는 물체를 그대로 표현한 상형 '물 수', '물고기 어', '눈썹 미' 등은 거의 글씨라기보다 그림 같다.

그런데 '설 립'은 사람이 우뚝 서 있는 모습이고, '문 문', '수레차'도 그림 같이 표현되어 있는데 '미칠 광'은 어떤 기물을 사람이 때려 부수는 모습 같아 웃음이 절로 나온다. '밤 률'은 나무에 가시투성이의 열매가 열린 것으로 표현돼 있어서 역시 우습다. 갑골문에서 금석문金石文까지를 대전大篆체라 하고, 진시황이 문자를 통일시켜 '예서'가 나왔고 그 후에 '초서草書', '행서行書', '해서楷書'가 나오게 된다.

'활 궁弓'자도 활 모습과 비슷하다기보다 거의 흡사하지 않은가?

정鼎

기원전 17세기부터 기원전 11세기까지 지속된 은나라를 고대 중국의 청동기시대라 부른다.

'은'에 이은 '주周' 나라까지 왕실에서 제사 때 쓰인 제기엔 정鼎이 있다. 다리가 세 개 또는 네 개가 달린 고기를 삶는 가마나 술을 담는 청동의酒器를 말하는데 높이 133센티미터, 무게 875킬로그램이나 되는 거대한 것도 있다.

이걸로 무당들이 하늘에 공물을 바치기도 하고, 하늘의 의지를 사람에게 전하기도 하고, 임금이 하늘의 제왕과 교신을 하는 수단으로 쓰였다. 무당이야 말로 하늘과 땅을 넘나드는 초인이요, 청동에 새겨진 용이나 봉황 장식도 무당에게 도움을 주는 동물로 알고 있었다. 임금도 결국은 무당 집단의 지배자요, 무당의 보스였던 것이다. 전쟁 때 생긴 포로들을 노예로 부리면서 대개는 청동기 생산에 투입하곤 했다. 이 청동기에 새겨진 글씨를 금문金文이라 부르고, 동물의 뼈에 새겨진 글씨를 갑골문이라 부르며 이 역시 점을 치거나 제사용으로 쓰인 글씨가 되었다.

유식한 잡학

달마 스토브

일본 북해도에 처음 철도가 개통된 것은 삿포로와 오타루 구간으로 명치 13년[1880]이었다.

객차는 최상등과 상등, 보통으로 구분되어 최상등 객차엔 화장실도 붙어 있고 차량엔 스프링이 붙어 있어서 진동이 덜했으나 보통 차엔 스프링 장치가 없는 목조에다 좌석도 목재라 진동이 어찌나 심했던지 허리부터 머리끝까지 통증을 느낄 정도였다.

또 북해도는 추운 지방이지만 전기나 스팀난방 설치가 안 되고 특제 달마 스토브가 비치되어 있어서 이 둘레로 사람들이 몰려들곤 했다.

그런데 난로 전체가 완전한 구형球刑인 게 특징이라 달마란 명칭이 붙은 것인데, 구형으로 주문 제작한 원인은 난로 위에 승객들이 떡이나 오징어를 올려놓고 굽지 못하게 하기 위해서였다니 재미있다.

삼국지三國志

『삼국지』는 삼국시대에 이어 태어난 진晉나라 때 진수陳壽란 이가 쓴 역사책으로 많은 영웅이 등장해 수많은 독자층을 확보했었다. 이 책은 간결하고도 무미건조한 내용으로 배송지裵松之가 주석까지 달아 다시 내기도 했다.

그로부터 약 천 년이 지난 후 명나라 때 나관중羅貫中이 다시 쓴 픽션『삼국지연의』가 현재 우리들이 애독하는 장편소설『삼국지』이다. 내용 중 70퍼센트가 진실이고 30퍼센트는 허구로 쓰인 것으로 알려져 있다. 처음에 나온『삼국지』를 쓴 이는 진나라 사람이어서 조조曹操의 위魏를 정통왕조로 쓰고 있으나 후에 나온『삼국지연의』는 유비劉備의 촉蜀을 정통으로 쓰고 있다. 여기엔 유비, 관우, 장비 세 사람의 의형제와 천재적인 모사 제갈공명을 곁들여 미화해 썼고, 조조는 냉혈적이요 간악한 영웅으로 쓰고 있으나 사실은 조조야말로 걸출한 정치가요 시인이며 수많은 인재를 등용한 위대한 영웅이었다고 일부 학자들은 말한다. 따라서 소설과 역사는 구별해야 한다.

유식한 잡학

진기한 아이누족 언어

일본 북해도에 일본인들이 입주하기 이전부터 살아온 아이누족族은 소수민족으로 그 언어와 어원語原이 특이하다. 아이누Aynu란 아이누족 언어로 '사람'이 된다.

원시생활을 하던 아이누족은 하천河川, 즉 개울에 대해 특별한 생각을 갖고 있었다. 사람과 같은 살아 있는 동물로 인식했던 것이다.

개울은 '펫pet'으로, 수원지는 '개울의 머리pet-kitay'가 되고, 중류는 '개울의 가슴pet-rantom', 하구河口는 '개울의 음부pet-o'가 된다. 지류는 '개울의 팔pet-aw'이 된다. 개울이 흐르지 않고 고여 있는 곳은 '죽음ray'으로 부른다.

개울이 합해져 한 줄기가 되는 곳은 '교미ukot'라 한다. 계곡 입구는 '여성의 국부o-sep-kot'라 부른다. 해안이나 개울가의 동굴은 '아훈 르 빠르오ahun-르-par-o'라 부르며 '저세상으로 들어가는 입구'란 뜻이 된다.

아이누족의 문신

아이누족의 시조始祖 오이나카무이의 처가 한때 중병을 앓게 되자 태양 신이 "여성은 남성보다 나쁜 피가 많아 병에 잘 걸리니 그 나쁜 피를 뽑아주면 병이 나을 것"이라 일러주었다.

오이나카무이는 즉시 아내의 피를 뽑고자 그녀의 입술 주변을 바늘로 찔러 피를 뽑았다. 그리고 그 상처 자리엔 불의 신이 만들어준 가마솥 밑의 검댕이와 재를 발라주었다.

병도 상처도 씻은 듯이 나아버렸다. 이런 전설로 아이누 여인들은 대대로 입술 둘레와 손등에 문신을 하게 되었다. 반면 남성들은 문신을 하지 않고 수염을 길렀다.

추운 지방이기 때문인지 남성들은 털이 많아 수염이 입술 주변에 더부룩하게 자랐었다.

유식한 잡학

여성만의 섬

옛적에 여성만 살고 남성은 한 명도 없는 섬이 있었다. 원기 왕성한 청년들은 너 나 없이 "그렇게 좋은 곳이 있으면 꼭 가고 싶다"하고 배를 타고 갔다가 아무도 살아 돌아온 이가 없었다.

어느 날 청년 하나는 물고기를 잡으러 바다에 나갔다가 안개 때문에 방향을 잃고 헤매다 '여성만의 섬'에 닿아 상륙을 했다. 그러다 여성의 떼에 쫓기어 구사일생으로 섬을 탈출해 살아와서는 사람들에게 "그 섬의 여성들에겐 그곳에 이가 나 있어서 남근을 잘라먹어 버리는 바람에 남성은 모두 죽게 된다"라고 털어놓았다.

그 말을 들은 청년 하나가 이제 진실을 알았다는 듯 고개를 끄

아틀란티스Atlantis

대서양에 있었다고 하는 전설상의 대륙, 플라톤이『크리티아스』와 『티마이오스』에서 전설에 관해 설명하고 있다. BC 9500년 아틀란티스 대륙은 헤라클레스의 기둥지브롤터 해협의 바깥쪽 대해大海 가운데 펼쳐져 있었다. 이 대륙은 포세이돈그리스 신화의 해신이 만들었다고 전해지는 것으로 그의 아내 클레이토와의 사이에 태어난 열 명의 아들이 각지를 통치하고 있었다. 수도는 금·은·오리하르콘대륙 특산의 귀금속으로 뒤덮인 왕궁을 중심으로 여러 가지 설비와 건물을 갖춘 3개의 육환대陸環帶와 바닷물을 끌어들인 3개의 클리크대帶가 동심원상으로 에워싸고 있는 도시였다. 풍부한 산물과 주변의 여러 나라에서 들어오는 무역품이나 전리품은 대륙을 크게 번영하게 하였으나 어느 날 심한 지진과 화산 활동으로 하루 밤낮 사이에 바닷속으로 가라앉고 말았다. 아틀란티스 대륙의 전설은 중세 후기 이후의 대서양 탐험과, 나아가서는 아메리카 대륙 발견의 원동력이 되기도 하였다. 오늘날에도 이 대륙의 실재를 증명하려는 학자들이 있어, 대서양 중앙해령의 일부인 카나리아제도나 아조레스제도 등의 화산섬이 이 대륙의 일부라거나, 이들 제도의 동식물이 유럽이나 아메리카의 동식물과 닮았다거나, 아메리카 대륙의 고대문명 '아스테크 문화'는 살아남은 아틀란티스인이 만들었다는 등 여러 설이 있다. 지질학적으로 확인되어가고 있는 대륙이동설에 의하면, 구미대륙은 원래 하나로 연결되어 있었던 것이라고 하지만 당시는 인류가 발생하기 훨씬 이전의 일이어서 아틀란티스 대륙의 존재를 부정할 자료는 되지 못한다. 1965년 에게해 남부에 있는 화산섬 테라에 근접한 바닷속에서 가라앉은 고대 성곽城郭이 발견되어, 그것이 아틀란티스의 도시가 아닌가 주목되었다. 이러한 소재로 한 소설로는 P, 브누아의『아틀란티스』1919, C. 토일의『말라코트 해연海淵』 1929 등이 있다.

덕이더니 돌 하나를 들고 배를 저어 여성의 섬을 향해 떠났다. 아니나 다를까 아름다운 여성의 무리가 마치 사슴 한 마리를 습격하는 이리 떼처럼 청년을 향해 달려들었는데 청년은 침착하게 여성을 껴안을 때마다 지니고 갔던 돌을 활용했다.

 "우지직 딱" 소릴 내며 여성들의 국부에 있던 이는 모두 부러져 버리고 말았다. 청년은 상처 하나 입지 않고 꿈같은 나날을 지내다 돌아왔고, 이 얘기를 들은 남성들은 떼 지어 '여성의 섬'으로 건너가 '여성만의 섬'은 사라지고 말았다. 이 얘기는 일본 북해도의 원주민 '아이누족'에게 내려오는 전설 중의 한 토막이다.

유식한 잡학

아카데미상의 오스카는 누구?

미국의 '영화예술과학 아카데미'란 단체가 1927년에 제정한 상으로 세계에서 가장 권위 있는 영화상이 '오스카상'이다. 이 회의 회원 수는 무려 5천 명이 되며 투표에 의해 상을 결정하는 것으로 대체로 공정하다. 2차 대전 때는 석고상으로 상을 만들었지만 현재는 주석과 구리로 합금한 위에 금도금을 한 것으로 트로피 자체 가치는 대단하지 않으나 상의 권위는 대단하다.

MGM영화사의 미술감독 세드릭 기본즈가 상을 디자인했다. 그런데 이 상은 오스카상으로 불리고 있는데 오스카는 누굴 말하는 것일까?

1932년 아카데미 사무국에 근무하는 마가렛 헤릭이란 여성이

이 상을 보고 "어머나! 우리 오스카 아저씨와 똑같이 닮았네"라고 소리질러 사무국 직원들이 폭소를 터뜨린 적이 있었고, 1934년엔 만화영화로 상을 타게 된 월트 디즈니가 "오스카를 받게 되어 기쁘기 한이 없다"라고 말한 데서 상의 이름이 오스카로 굳어져버렸다. 아이러니컬하게도 오스카란 실체가 없는 우연히 만들어진 명칭이었던 것이다.

물건의 제조 값은 대단치 않으나, 영화 〈바람과 함께 사라지다〉로 여우주연상을 받은 비비안 리의 트로피는 어떤 경로를 거쳤는지 분명치 않으나 옥션에 출품되어 51만 달러란 높은 가격으로 낙찰되기도 했다.

기록으로 보는 아카데미
1. 역대 수상자 가운데 실제 오스카란 이름을 가진 사람은?
   뮤지컬 작곡자인 오스카 헤머스타인 2세로 두 번이나 오스카상을 수상했다.
2. 리메이크로 작품상을 수상한 영화는?
   1959년도 수상작인 〈벤허〉다.
3. 1편과 속편이 모두 수상한 영화는?
   유일하게 〈대부〉와 〈대부 2〉가 나란히 작품상을 수상했다. 그러나 감독인 코폴라는 1편에서는 밥 포스에게 감독상을 뺏기고 2부에서 수상했다.
4. 지금까지 가장 많은 트로피를 수상한 사람은?
   총 64회 후보에 오르고 26개를 차지한 월트 디즈니였다. 그는 66년 사망한 이후에도 69년 마지막 오스카를 가져갔다고 한다.

유식한 잡학

석유를 채굴한 뒤에 공동空洞은?

석유를 채굴하고 나면 그 공동이 함몰해버리지 않나 걱정하는 이도 있는데 전혀 그럴 염려는 없다. 석유는 지하의 공동에 호수같이 차있는 것이 아니고 바위나 모래의 틈새에 스며들어 있는 상태로 존재하기 때문이다.

그래서 석유를 채굴할 때엔 물이나 바닷물을 주입해서 그 압력을 이용함으로써 끌어올린다.

몇 십 년 전엔 '석유는 앞으로 40년 후면 동이 나 버린다'는 설이 나돌았었다.

그러나 이런 염려도 없다. 새로운 석유가 속속 발견되고 있고 남아프리카 등지에서도 상당량 매장돼 있고 채굴기술도 계속 발달하고 있다. 30년 전 기술로는 도저히 채굴할 수 없었던 석유도 최근의 기술로 캐내기가 쉬워졌다. 의학의 발달로 인간의 수명이 길어지듯이, 채굴기술의 발달로 아직까지 석유가 고갈될 염려는 거의 없다고 볼 수 있다.

잠꾸러기 동물과 불면증 동물

사람들의 수면시간은 대체로 여덟 시간으로 알려져 있으나 동물의 경우는 형형색색으로 다르다. 나무늘보는 하루에 20시간을 잔다. 언제 먹이를 찾고 먹는지 신비할 정도다. 차색茶色박쥐는 19시간, 아르마딜로는 18시간, 고양이는 14시간을 잔다.

이와는 정반대로 기린은 단 20분만 잔다. 얼룩말은 1시간, 코끼리와 당나귀, 양은 3시간 정도라 한다. 대체로 먹이에 함유된 열량과 관계된다.

고기는 높은 칼로리로 적게 먹어도 몸 유지가 되지만, 풀은 저칼로리로 대량으로 먹어야 된다. 그래서 초식동물은 채식시간이 길어지면서 수면시간이 짧아진다.

또 초식동물은 육식동물의 습격을 피하기 위해 계속 경계를 해야 한다. 잠잘 때는 무방비상태이기 때문에 수면시간이 짧게 진화해가고 있다.

최초의 은행 강도, 제시 제임스

서부 개척시대의 전설적 악당 제시 제임스 1847~1882는 미주리 주의 목사 아들로 태어나 형 프랭크와 함께 남북전쟁에 참가, 남군 게릴라부대로 캔자스 지방에서 용맹을 떨쳤다.

남군의 패배로 종전이 되자, 북군에 협력한 자와 그 기관에 대해 극도로 증오심을 품고 동료 10여 명과 함께 북부 자본의 상징인 은행과 열차를 습격하기 시작했다.

계속되는 추격부대를 따돌리고 강탈한 돈을 일부 살기 어려운 서민들에게 뿌려 '서부의 로빈후드'로 남부인의 갈채를 받기도 했다.

최초의 은행강도질이 1866년 2월 13일로 기록돼 있듯이 그의 행적은 미국 역사책에도 나와 있다. 그러나 제시는 현상금을 노린 그의 부하에게 피살됐고, 형 프랭크는 자수해서 옥살이를 하다 풀려나 평온하게 살았다.

제4장

변기를 달고 다닌 갑옷무사들

유럽이나 동양의 고성古城엔 대개 무기박물관이 있고 거기에 진열된 갑옷을 보면 저걸 입고 싸우다가 변便이 마려울 땐 대체 어떻게 처리를 했을까? 궁금해진다.

일본 무사들의 경우는 대나무통을 60~90센티미터 길이로 잘라 만든 뇨통屎筒을 든 부하를 항상 뒤따르게 했었다.

일본 무사들은 갑옷 속에 '하까마'란 평상복을 입는다. 이 옷의 양 옆구리엔 삼각형의 새짬이 있는데 갑옷의 한쪽 날개를 쳐들고 이 새짬으로 뇨통을 집어넣어 용변을 보고 난 후 쏟아버렸던 것이다. 이 뇨통을 들고 따라붙는 부하가 없는 무사는 뇨통을 허리에 매달고 싸웠다.

갑옷을 입었을 때도 그랬거니와 궁중에서 복잡하고 무거운 예복으로 정장正裝을 했을 때도 뇨통을 가져와 일을 치렀다는 기록이 지금도 남아 있다.

전쟁과 무기

'콜트' 이야기

미국 코네티컷주州 하트퍼드에 살고 있던 사무엘 콜트는 20대 초반에 현대화된 콜트Colt 권총을 제조해 특허를 받았다. 그 이후 콜트 권총 시대가 개막되었다.

1837년 처음으로 '텍사스 패터슨 콜트', 1851년엔 '네이비 콜트', 1873년엔 '싱글 액션 아미 프론티어 콜트'가 제조됐다. 그의 사후 제조된 세 번째 권총은 긴 총신에 45구경의 명품으로 '피스 메이커평화를 만드는 이'로 불리기도 했다.

그는 미국 남북전쟁 기간 중1861~1865에 남군과 북군, 양쪽으로부터 동시에 대량주문을 받아 엄청난 재산가가 되었다. 또한 부품을 표준화해서 상호 교환이 가능해 대량생산을 해 엄청난 수요에 응했다.

현대 대량소비 사회를 만드는 본보기가 된 그는, 그러나 48세1814~1862 나이로 매독에 걸려 죽었다.

암호전서 이긴 미군

1942년 6월 5일 일본의 야마모토^{山本} 원수는 기동함대를 이끌고 알류샨 열도와 미드웨이 섬의 중간 수역으로 출격했다.

북방 알류샨 열도의 '키스카' 섬 등에 일본군을 상륙시키는 동시에 미국의 태평양함대를 북방으로 유인하고, 그 사이 나구모^{南雲} 중장의 공격기동부대를 시켜 미드웨이 섬에 일본군을 상륙시키려고 했던 것이다.

그러나 그는 미군이 일본군의 암호 전보를 완전히 해독할 수 있는 능력이 있다는 것을 모르고 있었다. 미국 태평양함대 니미츠 원수는 일본군의 유인작전에 말려들지 않았고 그 결과 두 갈래로 힘이 갈라진 일본군은 막대한 피해를 입을 수밖에 없었다.

반면에 미군은 무선전화 연락도 일본군 전문가가 알아들을 수 없는 나바호인디언 출신에게 시켜서 자신들의 비밀을 지킬 수 있었다. 승승장구하던 일본군은 이때부터 열세로 돌아서게 됐다.

전쟁과 무기

중세 기사들이 자멸해간 이유

유럽 봉건시대에는 기사騎士들이 화려한 황금시기를 구가해 숙녀들의 선망과 연정의 대상이 되었다.

그러나 14세기 이후부터 석궁石弓을 비롯, 활이 점점 강해지자 거기에 대항하기 위해 갑옷도 더욱 강하게 만들지 않을 수 없었다. 더군다나 강철판으로 전신을 감싸도록 만들어 중량이 60~80킬로그램까지 돼 혼자서는 갑옷을 입을 수도 없었다. 더욱이 말을 탈 때에는 여러 사람이 거들어주어야 했다.

게다가 무게 때문에 말의 속도가 늦어지고, 말 전신에 갑옷을 입힐 수도 없어서 말이 화살을 맞게 되면 낙마하기 일쑤였다. 일어서려고 꾸물댈 때 몸이 가벼운 적군의 졸병들이 달려들어 단검으로 갑옷 사이를 찌르거나 도끼로 내려찍으면 죽거나 포로가 될 수밖에 없었다.

그래서 15세기 이후부터는 갑옷은 불편한 도구로 전락하고 급기야 기사 자체도 쇠퇴해갔다.

최초의 참전 비행기는 정찰용

1914년 여름, 제1차 세계대전 당시 유럽에서 비행기를 쓰기 시작한 것은 정찰용이었다. 속도가 자동차보다 늦은데다 불안전한 비행기는 그 외 쓸모가 거의 없었던 것이다. 그때까지 정찰용으로는 기구를 썼으나 정지된 곳에서 정찰하는 것과 움직이며 정찰하는 것과는 효과가 몇십 배 다를 수밖에 없었다.

"무슈! 오늘은 일이 잘 되나?", "야! 독일의 카메라덴_{전우} 어떻소?"라는 식으로 처음엔 하늘에서 적끼리 만나 인사를 할 정도였다. 그러나 전쟁이 치열해지고 서로 전상자가 늘어나자 진짜 적으로 변해갔다.

처음엔 돌을 던지다 한쪽이 다치면 권총을 쏘았고, 나중엔 엽총을 쏘기도 했다. 한 사람은 조종하고 한 사람은 기관총으로 쏘게 되어 있었는데, 당시에 비행기는 날개, 동체, 바퀴에 달린 철선과 프로펠러가 사격에 방해되어 명중률은 극히 낮았다. 이때부터 정찰기에서 전투기시대로 접어들게 되었다.

스토르모빅

1941년 6월 22일 독일군의 소련 침공 작전은 처음 일 년 반 동안은 우세했으나 1942년 말부터 고전을 겪었다.

독일군의 전차 3호, 4호보다 압도적으로 우수한 T-34 소련 탱크 때문이었다.

이 우수한 탱크를 잡을 대전차포가 없어 고민하던 독일군은 엉뚱하게도 적 폭격기를 격추시키기 위해 개발한 88밀리미터 고성능 고사포가 T-34를 잡을 수 있다는 것을 알게 됐다.

이에 따라 독일군은 T-34에 제동을 걸고자 공격의 선두에 전차부대를 두고 진격했다. 그러나 이번엔 소련서 다량 생산한 일류신IL'yushin의 IL-스토르모빅 공격기의 밥(?)이 됐다.

이 공격기에 발견됐다 하면 거의 백발백중 박살이 나 앉은뱅이가 돼버렸다. 소련을 점령한다는 히틀러의 꿈 또한 산산조각이 났다.

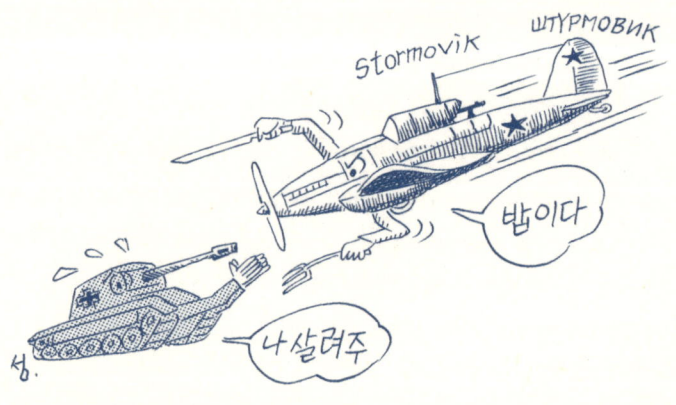

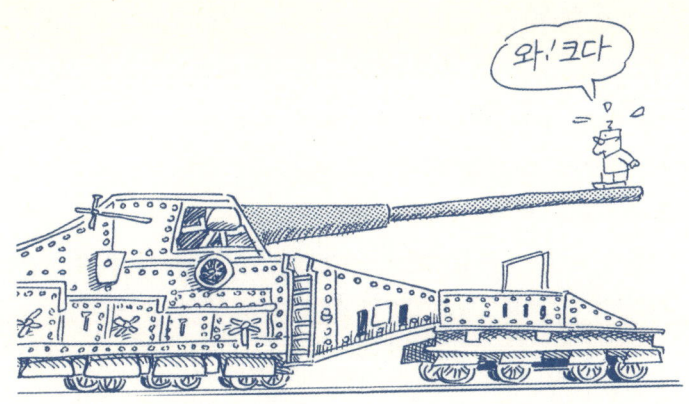

열차포

2차 대전 때 열차포列車砲는 각국에서 제작했지만 독일 육군이 제작한 두 대의 열차포는 중량 7톤의 포탄을 발사할 수 있는 세계 최대의 것이었다. '도라'란 별명이 붙었고 일반적으론 초중량급 구스타프로 불린 이 거포는 포의 구경이 8백밀리미터, 포신길이 32.5미터, 최대 사정거리가 47킬로미터나 됐다. 높이는 20미터로 4층 빌딩에 비교됐다.

그러나 이 거포가 위력을 발휘한 것은 1942년 6~7월 사이의 세바스토폴 요새 공방전 때였다. 십여 발을 쏘아 그중 한 발이 요새 지하 깊숙이 묻혀 있던 소련군의 탄약고를 산산조각 냈다.

하지만 한 발을 쏠 때까지 4천 명이 움직여야 했고 전용공장 건설과 새로 철교를 가설해야 했다. 또 열차 레일은 무게를 지탱하기 위해 네 개를 깔아야 했다. 여기에 항공기 폭격에 노출되기 쉬워 결국 무용지물이 되고 말았다. 폭격기에 의한 폭격이 훨씬 능률적이요, 경제적이었기 때문이다.

전쟁과 무기

'제로'를 눌러버린 그러면

미국은 2차대전 초기 일본의 '제로' 전투기의 신비한 고성능에 겁을 먹고 있었다. 그런데 개전 반 년 후에 미군은 불시착한 '제로' 전투기 한 대를 입수, 철저한 성능검사와 해부한 결과 기체구조의 단점을 찾아내는데 성공했다.

'제로'는 기체구조상 강도가 약해 급강하를 심하게 할 경우 공중분해되기 쉽다는 점을 발견한 것이다.

이에 따라 미국은 자신들의 '그러면' 전투기를 대대적으로 개조해 '제로'보다 스피드가 더욱 빠르면서 심한 급강하에도 까딱없는 2천 마력의 중(重)전투기 '그러면F6F 헬캣'을 만들었다.

'제로'의 경우 기체 설계는 우수했으나 플러그, 발전기, 캐브레이터 등 엔진 부속품이 불량한데다 엔진 설계에도 무리가 있고 연료의 질이 나빠 점차 'F6F'에 밀리기 시작했다.

즉 허약한 수재(秀才)가 무딘 범재(凡才)에게 지는 결과를 가져온 것이다.

모자母子 비행기

2차대전 때 독일공군은 미스텔奇生木식 모자 비행기를 만들어냈다. 이 기상천외한 비행기는 폭약을 탑재한 무인無人 쌍발폭격기 위에 조종사가 탄 단발전투기를 부착시킨 것이다.

이 모자 비행기는 목표상공에 이르러 아들 폭격기를 떼어내 목표물로 돌입케 하고 어미 전투기는 기지로 돌아오는 현재의 공대지 미사일 같은 것이었다.

폭격기는 융카스 TU88형이, 전투기는 메서슈미트 BF109 등이 쓰였는데 폭격기는 간단한 자동조종시스템을 지녔으나 똑바로 나는 능력밖엔 없었다.

때문에 명중률이 낮았고 동작이 둔해 대공포와 상대 전투기의 밥이 되기 일쑤였다. 독일공군은 이 원시적 비행기를 100조組나 만들어 실전에 투입했으나 공격 종료 후 효과가 있는 것으로 판정된 건 불과 두 조뿐이었다.

전쟁과 무기

한 방 라이터

태평양 전쟁 중 일본의 주력 폭격기는 리쿠고우陸攻로 그 소모 대수는 3,496대였고 일본의 생산대수는 3,670대였다. 그러나 우수한 레이센零戰, 제로센 전투기의 옹호가 없을 땐 그야말로 병아리 같이 허약한 폭격기였다.

일무육공一武陸攻의 경우 날개폭 25미터, 전장 20미터, 천 5백 마력 쌍발엔진을 장착했으나, 치명적인 결함은 날개 속 전체가 연료탱크로 채워져 있어 미군기의 기총소사를 맞았다 하면 금세 폭발, 낙하산 탈출의 시간적 여유도 없어 우수한 조종사를 많이 잃었다. 그래서 미 공군은 육공기陸攻幾를 가리켜 '베티, 원 쇼트 라이터'라고 불렀다.

즉 한 방에 불붙는 라이터란 것이다. 일본의 해군함정도 그랬듯이 공격적 승전 시에는 그 장점이 두드러졌다. 하시만 방어적 전세의 불리 할 때에는 결함이 너무나 두드러진 폭격기로, 비행 중 앞바퀴는 접을 수 있으나 뒷바퀴는 그대로 내민 채 비행했다.

떠도는 토마토 통조림

1942년까지 연합군 측 수송선단은 U보트의 밥이요, 대서양은 '회색늑대'란 별명을 지닌 U보트의 황금어장으로 변했다.

1943년부터 미해군은 수송선단 앞에 호위항공모함을 운행시키고, 여기에 실린 탑재기가 날아가면서 잠수함을 수색하게 됐고 구축함이 호위항모를 호위했다.

호위항모 1호는 모아, 맥코믹해운海運 소유의 화물선을 개조한 것이었고 배수량 7,886톤, 길이 150미터에 항공기 21대를 실을 수 있었다.

그후 3형型 화물선을 개조해 24척을 건조했으나 화물선이 모자라게 되자 급유함까지 개조해 썼다.

이렇듯 볼품없고 값싸 보이는 호위항모는 '떠도는 토마토 통조림'이라는 혹평을 받았다. 하지만 이 아이디어는 루스벨트 대통령의 발상이었고 '헌터 킬러그룹' 명칭이 주어졌다. 이 그룹은 얼마 후 U보트가 가장 무서워하는 천적이 되었다.

전쟁과 무기

과달카날의 교훈

1942년 과달카날에서 일본군과 혈전을 벌였던 미군은 몇 가지 교훈을 얻었다.

첫째, 상륙 직후 넓은 정면을 돌파할 때는 세로로 전진할 것. 가로로 전진하면 적 기관총의 탄막권에 든다. 둘째, 오후엔 전진을 중지하고 참호를 팔 것. 셋째, 아군의 지원 포격은 처음엔 적군 깊숙이 포격하면서 점차로 앞쪽으로 당길 것. 넷째, 저항이 심한 포켓지대는 피하고 전진해서 고립시켰다가 나중에 처리할 것. 등인데 야전에서 톰슨 기관단총을 쏘지 말 것이 포함된다.

이 기관단총은 성능이 좋았으나 일본군의 6.3밀리미터 총과 그 총성이 너무 흡사해서 적군을 아군으로 착각하게 만들었기 때문이다.

그 대신 7.6밀리미터 브로닝 기관총은 발사속도가 매분 450~600발에 최대 사정거리가 2,890미터여서 백병전에선 맹위를 떨쳤다.

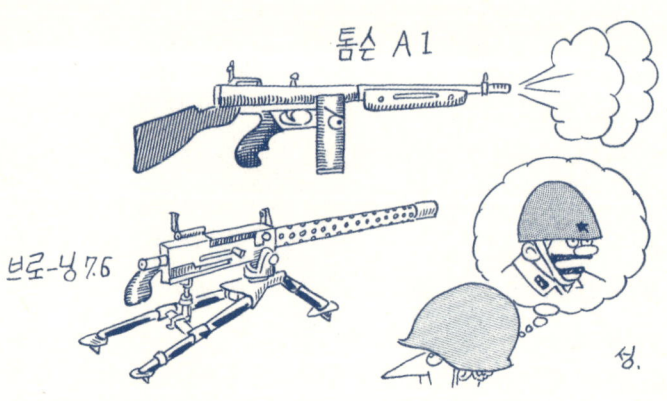

하늘의 영웅? 스포츠 영웅?

 1차 세계대전 때 전투기끼리 공중전이 치열해지자 하늘의 낭만(?)시대로 접어든다. 마치 요즘의 스포츠 영웅들처럼 하늘의 영웅들이 탄생한 것이다. 독일의 리히트 호펜, 프랑스의 긴느메르, 미국의 리켄 버커 등등…… 적이건 아군이건 모두에게 열광적(?)으로 사랑 받았다. 그들도 거기에 걸맞게 기사도 정신을 발휘하기도 했었다. 격추된 적의 죽음을 애도해 조문弔問과 꽃다발을 투하한 독일의 벨케, 리히트 호펜의 시신을 정중하게 장례 지내준 영국 공군 등 전설 같은 이야기가 많다.

 1917년 6월 적진의 기구를 공격하려던 독일의 우데트 소위는 적기를 만나 공중전을 벌였다. 그때 우데트는 자신의 기관총이 고장나자 두 주먹으로 총을 두들겨 팼다. 이 광경을 본 적기의 조종사는 기관총을 쓰지 않고 손을 흔들며 작별하고 자신의 영공으로 사라져버렸다. 그 적기는 독일기 30대를 격추시켰던 프랑스의 긴느메르였다. 다친 적과는 싸우지 않는다는 그의 신조에 따른 것이었다.

고립무원, 재로 변한 수도

1944년 6월 유럽에서 소련군은 하기 공세에 돌입, 독일군 35만 명을 포로로 잡았고, 8월 초엔 폴란드 수도 바르샤바 교외에까지 진격했으나 대도시는 기갑사단의 묘지가 된다는 말이 있듯이 이곳에서 소련군은 일단 저지당했다.

이때에 런던에 있던 망명 폴란드인들은 소련군의 입성에 앞서 스스로의 힘으로 바르샤바를 해방시키고자 폴란드 지하의용군 총궐기를 선언했다.

바르샤바 총 봉기에 감격한 미·영 공군은 바르샤바의 폴란드인들에게 물자를 공급하려 했으나 스탈린은 이 제안에 냉소적이었으며, 미·영 공군에게 착륙 시설마저 제공하기를 거부했다. 고립무원이 된 의용군은 두 달간의 전투에서 5만 5천 명이 죽었고 35만 명이 독일로 잡혀갔을 뿐 아니라, 바르샤바는 철저히 파괴되어 오늘날에도 옛 도시의 정취는 찾아보기 힘들다. 동·서 진영의 어느 강대국도 자신들이 은혜로운 나라가 되어야 하며, 자신들의 영향 아래에 있는 약소국을 원했던 것을 알 수 있다.

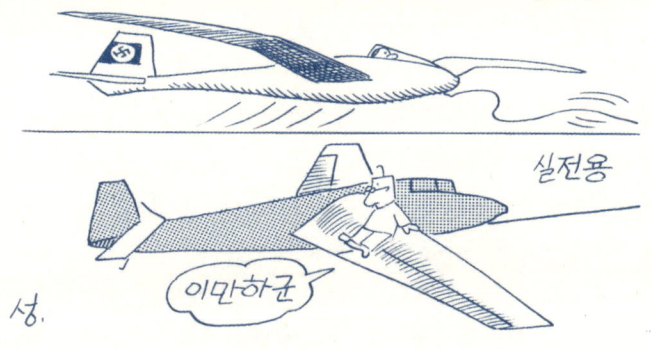

일회용 글라이더

독일은 2차대전이 일어난 1939년까지 거국적으로 글라이더 학교와 클럽 설치에 주력했다. 여기서 훈련받은 수만 명이 공군 파일럿에 지원했다. 대전이 일어나자 유럽 전선에서 독일군은 이들을 최대한 활용했다. 군용 글라이더는 대체로 길이 10~20미터, 폭 20~30미터, 무게 1~2.5톤으로 병력 10~20명을 태웠다.

수송기나 폭격기로 끌고 가서 적진에 떨어뜨리면 동체 밑에 달린 썰매에 매달려 2백 미터까지 미끄러져 가다 정지했다. 활주로가 없는 곳에 착륙하기 때문에 착륙 때 대체로 파괴돼 일회용에 그쳤으나 기습작전엔 여러 번 성공했다.

1940년 5월 네덜란드의 에벤, 에멜 요새 탈취와 침공작전, 1941년 5월 크레타 공격 때의 공수부대 수송, 1943년 9월 이탈리아의 무솔리니 총리 구출작전이 그것이다.

그러나 독일군의 글라이더 실전배치가 2천여 대였음에 비해 연합군 측 글라이더 수는 미군이 만 3천 대, 영국이 3천7백 대로 독일군을 압도했다.

전쟁과 무기

타라와의 공포

태평양전쟁 때, 불과 일 평방마일의 작은 섬에 함포 포탄과 항공 포탄이 3천 톤이나 투하된 경우는 '타라와' 섬을 제외하곤 거의 없다. 어느 미군 제독은 "미군이 상륙하기 전에 섬의 일본군은 한 명도 살아남지 못할 것"이라고 장담했다.

그러나 결과는 반대였다. 일본군지휘관 시바사키 케이지 해군소장은 직경 8인치의 야자수를 통째로 베어 구축한 진지에 콘크리트 벽을 쌓고 엄청난 화력을 미 제2해병사단에 퍼부었던 것이다.

그 결과 과달카날에서 싸운 최정예부대이자, 167년의 전통을 자랑하던 미군부대는 전사 1,009명, 부상 2,296명이라는 엄청난 피해를 입은 끝에 겨우 섬을 점령할 수 있었다.

미군은 타라와에서 얻은 교훈으로 태평양 진공작전에 일대 수정을 가하지 않을 수 없었다.

반半 검둥이가 된 B

2차 대전 때 1945년 일본 본토 폭격에 나섰던 미국의 B-29기는 아래쪽 부분에 검정색 페인트를 칠했다. 몸의 반쪽이 검둥이가 된 셈인데 야간폭격 때 일본군의 탐조등 빛을 차단하기 위해서였다. 탐조등 빛을 받은 은색 몸체가 너무 반짝여 전투기나 고사포의 뚜렷한 목표물이 되었기 때문이다. 미 육군 항공사령관 아놀드 대장이 임명한 커티스 르메이 소장은 이같이 검정색 페인트를 칠한 후, 종래의 고공정밀高空精密폭격에서 저공低空폭격으로 전술을 바꿔 일본 전역을 무차별 공격했다.

이에 대해 당시 스팀슨 육군 장관은 "적국 국민이라 할지라도 폭격의 공포 속에 둘 수는 없다"고 했으나 르메이 소장은 "난 일본 민간인을 죽인 게 아니라 군수공장을 파괴했으며 일본 도시의 가옥들은 모두가 군수공장이었다. 스즈키가家에서 군용 볼트를 만들고 곤도가에서는 군용 너트를 만들었다"고 자신의 무차별 폭격을 합리화했다.

전쟁과 무기

어시니아호 사건

제2차 세계대전 발발 직후인 1939년 9월 4일 밤, 독일 U보트 30호 함장 렘프 대위는 영국여객선을 순양함으로 잘못 알고 격침시켰다.

그 때까지 그는 여객선을 공격해선 안 된다는 명령을 받았었고, 상선 등을 발견하면 정선시키고 승무원의 안전을 도모한 후 격침시킨다는 규정을 지켜왔다.

그러나 그날 밤은 불을 끄고 지그재그로 운항하는 어시니아호를 순양함으로 잘못 알고 격침시켰던 것이다.

당시 영국해군 대신이던 처칠은 이 사건을 계기로 영국 상선의 완전무장화를 발표했다.

급기야 1940년 10월 영국선박의 손실이 30만 톤에 이르렀고 연합군 측은 U보트 격멸에 총력을 기울이게 됐다. 수상이 된 처칠이 '대(對)U보트 전쟁위원회'를 직접 관장하고, 독일 해군사령관 데니츠가 U보트 사령관까지 겸임하게 되자 대서양전은 '데니츠'와 '처칠'의 싸움이라는 소리까지 듣게 됐다.

비스마르크 대 후드

 1941년 5월 24일 오전 5시 53분, 독일의 자랑거리 전함 '비스마르크'와 순양함 '프린츠 오이겐'은 덴마크해협 근해에서 영국전함 '프린스 오브 웨일스'와 전함 '후드'가 맞닥뜨려 전함끼리의 포격전을 전개했다.
 비스마르크는 38센티미터 함포로 93발의 포탄을 쏘아 그 중 한 발이 후드의 뒷갑판을 관통, 화약고가 폭발해 몸체가 두 토막으로 끊어져 침몰해버렸다.
 웨일스는 비스마르크의 폭탄을 피해 연막을 내뿜고 대피해 살아남았다. 독일은 이 승전보에 들끓었으나 비스마르크도 이 포격전 때 이미 세 발의 직격탄을 받은 터여서 불과 사흘 후인 5월 27일 영국해군 함대의 포위공격에 견디지 못하고 침몰했다.

전쟁과 무기

야마모토 원수의 개탄

 1941년 12월 8일 일본군은 하와이 진주만의 미군 해군기지를 기습해 미국전함 네 척 격침, 네 척 격파, 항공기 349대를 격파시켜 일본 국내는 환희의 도가니 속에 파묻혔지만, 이 기습은 두 가지 커다란 실수를 저지른 것이었다.

 미군 항공모함 네 척은 기지 내에 없었으므로 무사했다는 점과, 일본 항공기는 전함 공격에만 급급해 기지 내의 석유 탱크를 고스란히 놔두고 철수했다는 점이다. 이곳 석유비축량은 일본 전 국토에 대한 공급량과 맞먹었던 것이다.

 이 작전의 최고사령관 야마모토 원수는 자신의 누나에게 "지금의 소란기쁨과는 달리 우린 패할지도 모릅니다"라고 했고 동료 제

독에겐 편지로 다음과 같이 쓰고 있다.

'진주만에서의 작은 성공은 별 의미가 없소. 앞으로의 사태를 재검토, 상황이 얼마나 심각한가를 인식해야 하오'라고.

이미 전성기를 지난 전함보다 항공기를 실어 나르는 항공모함을 놓친 점을 커다란 실수로 인정한 것이다.

그리고 미국의 공업능력을 알고 있던 야마모토 원수는 처음부터 주전론자主戰論者는 아니었다.

전함戰艦, Battleship
제2차 세계대전 때까지 해상세력의 주력이 되었던 군함. 다수의 대구경포大口徑砲를 장비하고, 함체를 두꺼운 장갑으로 방비함으로써, 포격전에서 가장 큰 공격 및 방어력을 발휘하였고, 순양전함과 함께 함대의 주력이 되어 해양의 지배자 역할을 하였다. 전함은 항공모함을 제외하고는 가장 큰 군함이기도 하다. 따라서 19세기 후반부터 각국이 보유하고 있는 전함의 질과 수가 곧 국력의 상징이 되고, 국제 정치나 외교상에 큰 영향을 끼쳤으나, 항공기의 발달로 제2차 세계대전 중에 갑자기 그 실용가치가 떨어지게 되어, 결국 함대에서 중심적 지위를 항공모함에게 넘겨주게 되었다. 특히 대전 후에는 미사일·항공기·전자무기 등의 급격한 발달로 인해서 완전히 무용화無用化되어, 거의 모습을 볼 수 없게 되었다. 전함의 전신前身은 19세기 후반에 건조되기 시작한 장갑함裝甲艦, Ironclad이라고 할 수 있다. 이 군함은 주로 증기기관으로 추진되고, 현측舷側을 두꺼운 갑철甲鐵로 장갑하였을 뿐만 아니라 강력한 함포를 장비함으로써 그때까지 함대의 중심이 되어 왔던 전열함前列艦과 자리를 바꾸게 되었다. 최초 장갑함은 1859년 진수한 프랑스 그로알이며, 이것은 5천 6백 톤의 목조로 된 선체에 10센티미터 두께의 갑철을 입혔고, 16센티미터 포 30문을 장치하고 있었다. 또한 다음 해 진수한 영국의 기범병용汽帆倂用의 워리어Warrior는 9천 톤의 철제함으로, 선체의 장갑두께가 11센티미터나 되고, 20센티미터 포 38문을 장치해서, 전함과 장갑순양함의 원조가 되었다. 제2차 세계대전 이후, 1960년대까지 대부분의 전함이 폐기되었다.

전쟁과 무기

일본군 38식 장총은 누구의 창안?

일본 육군이 패전 때까지 계속 쏜 주종 소총은 '38식 보병총'이었다. 일본력 명치 38년1905에 만들어져 38식이라 부르는데, 남부기지로南部麒次郎 대위가 개발한 핸들이 붙은 볼트 액션식 라이플이다. 왜 일본은 패전 때까지 이 총을 개량하지 않고 사용했을까?

이 총에는 천황天皇의 문장인 국화문장이 새겨져 있어 '천황의 하사품이요 군인의 정신'이라 해서 개량에 열을 올리지 않았다.

그러나 미국은 1936년에 8발 장탄 클립을 사용해서 모두 발사하면 탄약통이 튀어나오게 하는 'M1세미 오토매틱 라이플'을 지속적으로 개량해 보급했다. 따라서 다섯 발을 장전하고 한 발을 발사하고 나면 볼트를 잡아당겨 탄환 껍질을 튀어나오는 38식이

한 발을 장전 사격할 때, M1은 두 발이나 세 발을 사격할 수 있었다. 그 결과 접근 전에서 일본군이 미군에게 결정적으로 불리할 수밖에 없었다.

막판에 일본도 '5식 소총'을 창안해 구레吳 해군공작창에서 만들었으나 보급하지 않았다.

자동소총自動小銃, Automatic Rifle
18세기 말 미국이 인디언을 상대하며 서부를 개척하던 중 사격속도가 빠른 무기의 필요성으로 개발되었다. 자동소총은 서부 개척시대의 연발총, 남북전쟁 중의 배터리건, 개틀링포 등 수동식 기관총에서 1883년 S. H. 맥심이 발명한 기관총이 등장해 새로운 전기를 맞게 되었다. 이 맥심기관총은 당시까지 수동으로 작동시키던 방법과 달리 화약의 폭발에너지를 이용하여 자동으로 작동시키는 것이었다.

전쟁과 무기

전설의 전투기, 제로식 전투기

전투기의 경우 속도, 항속거리, 탑재량의 세 박자가 우월할 때 전설로 태어난다. 2차 대전 초기 연합군 공군의 공포의 대상이었던 일본전투기 '제로전戰'은 가히 신비의 전투기였다. 1937년 10월 해군의 무리한 요구조건 즉, (시속 5백 킬로미터 이상, 20밀리미터 기총 1정, 7.7밀리미터 기총 2정, 60킬로그램 폭탄 탑재에 항속력과 과 하중 상태로 고도 3천 미터를 두 시간 순항상태 여섯 시간)에 도전해 성공시킨 것은 미쓰비시항공사의 호리고시지로堀越二郎 기사技師팀의 30명 설계사들이었다.

그 팀은 30대의 대졸 두 명과 나머지는 모두 공고 출신 20대들로 구성됐었다. 기관총의 리모컨 조종과 파일럿의 피로 원인이 되는 기체진동을 줄이는 데 성공했고, 또 중량 감소를 위해 못 하나라도 줄이는 방법으로 제작됐다. 그러다 보니 방어장치는 약해져 결국 950마력 엔진의 제로전투기는 2천 마력 엔진의 미국 그러먼F6F에게 치명적 취약성을 드러내며 밀리기 시작했다.

카드에 열중하다 패전한 사령관

1776년 12월 25일 크리스마스. 워싱턴이 이끄는 부대가 델라웨어 강을 건너오고 있다는 정보가 영국군 전초기지에 들어왔다.

전령이 영국군 사령관 캠프에 도착했을 때 사령관 경비병에 의해 막사에 들어갈 수가 없었다. 사령관 요한 랄 대령은 참모들과 카드놀이를 하면서 보고할 게 있으면 "메모를 써서 두고 가라" 하며 계속 방치하고 있었다. 며칠 전에 자신의 부대가 대승해서 독립군의 힘을 과소평가했던 것이다. 랄 대령의 태만 덕분에 워싱턴의 기습작전은 대성공하여 영국군과 그 용병부대원 천 명이 포로가 됐고, 랄 대령은 독립군의 총탄에 맞아 죽음을 맞이했다.

그의 마지막 말이 "그 메모를 읽었으면 난 죽지 않는 건데……"였다고 알려져 있다. 이때 독립군을 공격했더라면 미약한 워싱턴군은 괴멸되었을 테고 독립도 어려웠을지 모른다. 전투에선 극히 사소한 일로 승패가 갈라지는 경우가 허다하다는 걸 역사가 말해주고 있다.

전쟁과 무기

십자군은 7만 명을 학살했다

예루살렘은 유태, 기독교, 이슬람 세 종교의 공동 성지聖地로 7세기 이슬람 통치하에선 기독교도의 순례와 시내 거주를 인정해 주었다. 그러나 11세기 말부터 13세기 말까지 예루살렘을 탈환하고자 무려 여덟 차례에 걸쳐 유럽연합국인 십자군의 대원정이 시작되었다.

1099년 7월에 예루살렘에 입성한 십자군은 이교도에 대한 약탈에 그치지 않았고 이슬람과 유태교 신도 약 7만 명을 남녀노소 구별 없이 처참하게 살육 했다. 그들은 이런 행위를 신의 정당한 심판으로 믿고 오히려 자랑스레 기록하고 있다.

반면 1187년 이집트의 술탄 사라딘이 예루살렘을 공격 탈환했을 땐 학살극이 없었다. 남성은 금화 열 개, 여성은 다섯 개, 어린이는 두 개를 공납케 하고 자진퇴거 시켰던 것이다. 뿐만 아니라 돈 없는 극빈자나 고아에 대해선 사라딘이 사재私財를 털어내 주었다는 일화까지 남아 있다.

암녹색의 유령정찰기

태평양전쟁이 일어나기 일 년 전인 1940년 9월부터 1941년 6월까지 일본 해군은 항공기로 동남아시아 일대의 작전예상 지역을 정찰했다.

이 작전의 명칭은 'A작전'이었으며 96형 육공陸攻기 세 대에 일체의 전투 장비를 제거하고 50센티미터의 대형 연속 촬영기를 탑재했다.

기체의 표면은 짙은 암녹색으로 칠하고 일장기 마크도 지워버린 그야말로 유령비행기를 발진시켰다. 4월 18일엔 대만 가오슝高雄기지에서 발진해 필리핀 일대와 뉴기니 일대를, 6월엔 티니안 기지에서 출발해 괌을 정찰하면서 8천 8백미터의 고도에서 촬영을 한 것이다.

하지만 즉각 이를 포착한 미군 레이더는 일본 외무성에 엄중 항의 전보를 쳤다. 즉 '6월 11일과 14일, 국적 불명의 쌍발기 한 대가 고도 약 3만 피트 상공에서 괌 상공을 통과했는데 우리는 일본 정찰기로 추정하고 있음'이라는 내용이었다.

전쟁과 무기

안개 속에서 미군끼리 혈전

1943년 5월 12일 미군은 알류샨 열도 속의 아츠쓰 섬 탈환작전을 개시, 혈전 18일 만에 일본군 약 2천 3백 명을 섬멸하고 섬을 간신히 탈환했다.

당시 킹케이드 해군중장은 더 큰 키스카 섬 탈환작전을 개시하여 3만 5천 명의 미군을 상륙시켰다. 그날은 짙은 안개가 낀 날이었는데 멀리서 움직이는 한 무리를 발견하고 치열한 사격전을 개시했다. 안개가 걷히고 나서 확인해보니 놀랍게도 상대방은 같은 미군이었고 전사자 25명, 부상자 31명을 냈던 것이다.

일본군이 짙은 안개를 이용해 키스카 섬 주변을 포위하고 있는 미국기동함대 틈새로 순양함 두 척과 구축함 여섯 척을 들여보내 5천 명의 군대를 귀신같이 철수해버린 후였던 것이다.

미군은 이 사건을 전쟁 중 가장 우스꽝스럽고도 수치스러운 일로 지금까지 기억하고 있다.

일군日軍 최초의 폭탄투하는?

1918년 8월 23일, 1차 세계대전에 참전한 일본 육·해군은 중국 산둥성 칭타오靑島의 독일군 기지를 폭격차 출발했다. 해군은 모리스 파르망 수상기 두 대, 육군은 뉴폴식 한 대였다. 투하장치도 폭격 조준기 없이 원시적 폭격을 시도한 것이었다.

육군은 대포용 포탄에 낙하산을 달아 투하했으나 목표물 옆으로 떨어져 불발되었다. 그래서 포탄 뒤에 날개를 달아 방향을 잡도록 개량했다.

해군기는 조종사 좌석 양측에 폭탄 다섯 발씩을 마麻로 된 끈으로 매달고 한 발씩 나이프로 끈을 잘라 투하했으나 역시 성적은 매우 나빴다.

조종하면서 조준했기 때문에 기류가 나쁠 땐 비행기 앞부분이 오르락내리락해 좀처럼 맞질 않았다.

오죽했으면 투하된 포탄이 엉뚱한 소형 적함에 맞아 연기가 치솟자 성공한 것으로 알고, 쾌재를 부르기까지 했을까.

전쟁과 무기

전투기의 선구자 롤랑 가로스

1차 대전 때 정찰기끼리의 사격전이 빈번해졌다. 그러자 조종사들은 조종석에서 손이 닿는 데서 기관총을 쏘고 싶어 했다.

그 욕망에 부응하여 프랑스의 롤랑 가로스가 최초로 프로펠러 회전권 안에서 탄환이 날아가는 방법을 창안했다.

가로스는 탄환이 맞는 프로펠러 부분에 철판을 깐 후, 철판에 맞은 탄환은 튕겨져 나가고 운 좋게 프로펠러 사이를 통과한 탄환만 적기로 날아간다는 극히 난폭하고 위험한 방법을 썼던 것이다.

가로스는 모랑 솔니에 L형에 이것을 장치하고 출격해서 18일 동안 독일 비행기를 다섯 대나 추격시켜 전방고정固定式 기관총의 효능을 발휘했다.

그러다 1916년 6월에 네델란드인 안토니 포커가 프로펠러가 총

구 앞에 왔을 땐 탄환발사가 자동적으로 정지되는 동조同調장치를 발명했다.

독일군이 포커E1형 비행기에 이를 장치하여 실전에 투입했다. 즉 프로펠러 회전권 내에서 발사하는 방법에 성공한 것이다.

전쟁과 무기

일군日軍, 우군友軍끼리의 공중전

1942년 1월 일본군 메나드 지역에서의 낙하산 투하작전 때였다. 일본군 제로 전투기는 그들의 96수송기를 적기로 알고 과오사격을 가해 격추시켰다.

적기출현 경보를 듣고 떠올라간 전투기 쪽으로 봐서는 긴장감과 흥분상태, 적기 격추에 대한 책임감과 공중에서의 식별 곤란이 겹쳐진 사고였다.

'96수송기 한 대 ○○시에 기지에 도착 예정'이란 내용을 무전이나 전화로 연락했었다면 이런 과오는 없었을 것이다. 또 해군의 3식 수전기에 의한 육군 2식 복전기의 격추, 육군 4식 '질풍'에 의한 해군 9식 연습기의 격추 등 과오공중전은 도처에서 일어났다.

육지의 상공만 날던 육군항공대원이 갑자기 남태평양 쪽에 배속되어 해군기에 대한 지식 결여, 또는 해군 쪽의 육군기에 대한 식별을 안이하게 생각한 데서 비롯된 사고였다. 한편 착오로 사격한 당사자들의 대해선 책임 불문의 조치가 취해졌다.

정복자를 신으로 믿었던 아스테카인

 15세기 후반 멕시코의 아스테카엔 게쓰알코아뜨루란 전설 속에 '이곳(멕시코)을 통치할 흰색의 인간이 해가 뜨는 방향에서 온다'란 구절이 있다.
 스페인의 하류귀족 코르테스가 아스테카에 상륙하자 현지인들은 곧장 그를 신으로 믿어버렸다.
 모스데스마 2세도 터키석으로 장식된 뱀의 가면을 코르테스에게 선물하고 환대를 했다.
 그들은 코르테스가 아스테카의 귀족과 장군들을 차례차례 살해하고 왕궁을 점령하고 나서야 그가 침략자라는 걸 깨달았다.
 그러나 때는 이미 늦어서 1521년 코르테스는 간단하게 아스테카 왕조를 멸망시켰던 것이다.
 그때까지도 원시적인 무기를 쓰던 아스테카 군대는 비록 수는 적지만 총포로 무장한 코르테스군에게 속수무책이었다.
 지금으로부터 불과 5백 년 전에 멕시코에서 벌어졌던 일이다.

전쟁과 무기

왕이 인질이 돼 망한 잉카제국

1532년 스페인 제독 피사로는 백 수십 명의 미니 부대를 이끌고 인구 수백만의 잉카제국 수도 카하마르카로 들어가 황제 '아타후알파'와의 회견을 신청했다. 3만 대군을 거느린 왕은 그들을 간단히 쳐부술 수도 있었고 그들이 지닌 총포도 익히 알고 있으면서도 공연한 호기심이 발동해 '백색 인간은 어떻게 생겼는지 보고 싶군' 하고 회견을 받아들였다. 피사로는 이미 아스테카를 점거한 코스테르의 비책대로 신부를 앞장세워 무리한 요구를 했고, 왕이 분노해서 신부가 제시한 성서를 내던지자 그걸 신호로 네 명의 부하와 함께 달려들어 왕을 인질로 잡아버렸다.

잉카제국은 모든 권력이 황제에게 있으므로 비록 인질이 된 황제라 할지라도 그의 말은 절대적이었다. 결국 잉카는 망하고 스페인 영토가 되어버렸다. 당시 잉카 궁중 안에선 왕위를 둘러싼 왕족끼리의 암투가 겨우 수습되던 시점이어서 단결을 못 했던 탓도 있었다. 지금의 페루에서 있었던 옛 일이다.

전쟁 준비로 루이지애나를 팔다

약 3백 년 전, 신대륙 미시시피 강 유역에 진출한 프랑스는 그 일대를 당시의 국왕 '루이 14세'의 이름을 따 '루이지애나'로 불렀다. 이 지역의 동반부는 영국에 양도했다가 미국령이 됐다.

한편 서반부는 스페인에 양도했다가 1800년에 나폴레옹이 되찾았으나 3년 후에 미국에 팔아넘겨졌다.

그 금액은 당시 천 5백만 달러로, 1킬로미터에 8센트 밖에 안 된다.

이렇듯 허겁지겁 헐값에 팔아버린 이유는 나폴레옹이 영국과 전쟁에 대비해서 재정이 달렸다는 것과, 신생국가 미국과의 우호관계가 절실하게 요구됐다는 것으로 역사학자들은 추정하고 있다.

지금 같으면 자국민의 엄청난 저항을 받았을 테지만······.

전쟁과 무기

청군淸軍의 요새 · 러군露軍의 요새

청·일전쟁 때 청군이 지키던 여순旅順요새는 독일인이 설계한 강력한 콘크리트 요새로 반 년이 걸려야 함락시킬 수 있을 것으로 알려져 있었다. 그러나 1894년 11월 21일 일군이 공격하자 놀랍게도 하루 만에 함락됐다.

이에 대해 학자들은 "그 당시의 중국인들에겐 국가를 위해 죽을 수 있다는 관념이 거의 없었기 때문……"이라고 보고 있다.

1904년 러·일전쟁 때 일본군은 러시아군이 지키고 있던 여순요새를 공격했다. 일본은 금방 함락될 것으로 예단하고 일본의 각 신문사는 '여순요새 함락'이라는 호외까지 준비하고 있었다. 그런데 일본의 노기乃木대장이 1904년 8월 19일에 공격을 개시하고 나서 이 요새를 함락한 것은 이듬해인 1905년 1월 2일이었다. 이 전투에서 사망한 일본군의 수효는 5만 7천 명에 달했다. 이런 결과에 대해 학자들은 콘크리트 요새에 대한 인식 부족과 작전에 유연성이 없어 정면 공격만을 고집한 결과라고 말하고 있다.

인도의 전쟁서사시 「마하바라타」

유네스코의 세계 유산으로 지정된 캄보디아의 앙코르와트의 비슈누 신전(神殿)엔 전쟁서사시 「마하바라타」가 부조(浮彫)돼 있다. 이 전쟁은 3천 년 전 데리의 북쪽 들판에서 실제 있었던 전쟁으로 그 내용이 퍽 이색적이다.

피아의 사절이 오가며 상호간의 규정을 두었는데 그 내역 몇 가지를 보면…… 첫째, 전투시간은 해가 뜰 때부터요, 해가 지면 정전을 하고 상호간에 술을 마신다. 둘째, 코끼리 부대는 코끼리 부대끼리, 보병은 보병끼리 싸우되 같은 숫자끼리 싸운다. 셋째, 항복하면 죽이지 않으며 일대 일로 싸울 때 제 3자가 옆에서 공격하지 않는다. 넷째, 무기를 잃은 자와 한눈 파는 자는 죽이지 않는다 등등이다. 믿어지지 않지만 BC 300년에 인도에 머물렀던 그리스 사절 '메가스테네스'도 다음과 같이 기록하고 있다. "전쟁은 무사 계급끼리만 하며 적국인이라도 농부에겐 해를 끼치지 않으며 보호한다 ……." 그리스 사절은 적국 농촌의 약탈, 파괴, 방화가 상식처럼 돼 있는 서방 측 전쟁과 너무나 다른 점에 놀라서 기록한 것이다.

전쟁과 무기

암호 해독으로 전사한 장관

1943년 4월 18일 7시 일본 연합함대 장관 야마모토山本 원수는 군軍 사기진작을 위해 라바울에서 브인 섬 비행장으로 리쿠고우陸攻 폭격기 두 대에 분승하고 떠나려고 했다. 그러자 현지 비행대장이 "장관기 호위를 위해 전체 전투기를 출동시키겠다"고 강력히 주장했으나, 현지 사정을 모르는 함대 참모는 "이 지역은 우리 전투기대의 제공권 하에 있지 않은가. 전투기 여섯 대로 호위하라"고 명령을 내렸다. 적의 습격은 꿈도 못 꾸고 장관기의 의례적인 체면치레 정도로 하명했던 것이다.

암호통신을 통해 이 일정을 샅샅이 엿들은 미군 하루제 대장은 정확한 시간과 위치를 파악한 후 즉각 P38 장거리 전투기 16대를

출동시켰다. 일본군의 전파탐지기를 피해 초 저공으로 날아간 전투기들은 브인 섬 상공에서 야마모토기를 요격해 정글에 추락시켰고, 다른 한 대에 탔던 우가키^{宇垣} 중장은 바다에 추락해 겨우 목숨을 부지했다. 이 사건으로 일본인 전체의 사기가 땅에 떨어진 것은 물론이다.

미국도 언론에 숨긴 패전

일본의 진주만 공격은 그것이 선전포고 이전의 기습이기 때문에 자랑거리가 될 수 없다. 하지만 과달카날에 고립된 미군을 옹호하기 위한 미국, 호주의 연합함대가 일본의 미카와궁이치三川軍- 해군 중장의 함대에 의해 철저히 괴멸된 사건은 가히 자랑할 만하다. 즉 1942년 8월 8일 미카와 함대는 순양함 죠까이鳥海등 다섯 척과 구축함 한 척으로 밤중에 사보섬 근해로 진입, 경계구축함 두 척을 따돌리고 미·호함대에 접근 20센티미터 포와 어뢰로 맹공했다.

이 공격으로 순양함 '캄베라'를 격침시키고 순양함 '시카고'를 공격했다. 또 '아스토리아', '퀸시', '빈센스'를 모두 침몰시키고 구축함 한 척까지 대파했다. 일본함대는 미국 잠수함에 의해 순양함 한 척을 잃었을 뿐 모두가 라바울 기지로 돌아갔다. 미 작전부장 킹 제독은 미국민에게 줄 영향을 고려해 이런 사실을 수주간 숨기다 보도해 진상이 드러났고 신문은 그 함대의 지휘관인 크랏치레 영국제독을 맹비난했다.

지뢰제거 행군

1943년 7월 5일, 쿠르스크 지역에서 벌어진 전투에서 독일군은 아주 기묘한 소련군대를 맞아 고전했다.

소련군은 먼저 전차로 무장된 정예부대가 전선을 돌파했다. 그 뒤엔 마치 미개인의 무리같이 훈련도 받지 못하고 규율도 없는 보병부대가 빵과 야채를 걸머멘 채 전진만 하는 것이었다.

그들은 독일군을 닥치는 대로 학살했고 마을에선 약탈, 강간을 저지르면서 3주간이나 계속 전진 했다. 그들 뒤엔 헌병부대가 뒤따랐고 후퇴하는 자는 사살 했다.

전후에 '아이크'가 소련군사령관 '쥬코프'에게 "지뢰원地雷原을 제거코자 지뢰폭파 차량을 쓰는데 상당한 시간이 소요된다"고 고충을 털어놓자 쥬코프는 "가장 빠른 방법은 보병으로 하여금 지뢰지대를 행군시키는 것"이라고 말했다. 그때의 소련 패거리 군대는 지뢰제거용 행군을 한 것이었다.

전쟁과 무기

임진왜란 이문異聞

영국의 '리델 하트'가 "평화를 원하거든 전쟁에 대비하라"고 말했듯이 전쟁의 원인은 시대에 따라 달라져 왔다. 학자들 주장에 의하면 도요토미 히데요시豊臣秀吉의 막료였던 이시다石田三成는 120년이나 지속된 전쟁 경기 뒤에 오는 전후 불황에 대비해서 식민지 획득을 생각했고, 그 타개책을 강구한 것이 '임진왜란'이라고 말하기도 한다.

그러나 '근대는 과거같이 이데올로기의 대립에서가 아니라 이질적인 문명의 충돌이 더 위태롭다'고 보기도 한다. 즉 이질적인 문명의 나라들은 서로 이해하기보다 대립하기 쉬우며 분쟁의 소지가 있다는 것이다. 예컨대 서구의 오만함, 이슬람의 불관용, 중국문명의 독단 등이 문제라는 것이다. 또 군軍이 나라를 일으킨다는 생각으로 정치에 개입해 군국주의로 치닫다가 나라를 망친 일본의 경우도 있다.

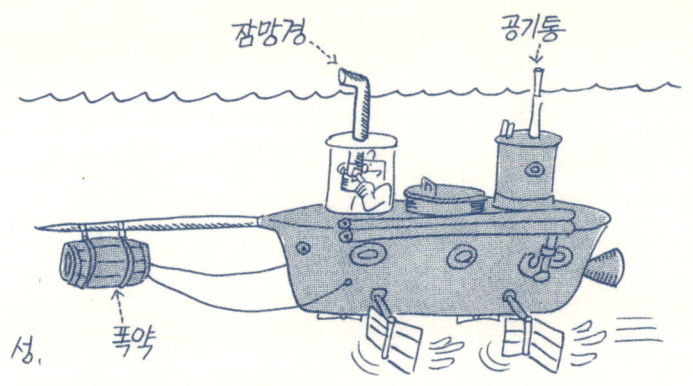

최초의 잠수함

제대로 체계를 갖춘 잠수함은 제정러시아 해군에 의해 1834년에 건조되었다. '쉴리 데르'의 디자인으로 몸통 길이 6.4미터, 강철 두께가 5밀리미터 밖에 되지 않는데 그 이유는 승무원이 총 10명이고 그 중 네 명이 노를 저어야 했기 때문인 듯하다.

잠망경은 항시 물 밖으로 나와 있는 정도 깊이로 적함 가까이가 폭약을 매단 창살을 적함 밑에다 꽂고 뒤로 후퇴를 해 잠수함 자체가 안전하다고 판단될 때 줄을 통한 배터리로 폭파시켰다.

문제는 적함의 하체가 나무로 돼 있을 때는 창살이 박히지만 철판일 경우는 꽂아질 리가 없다는 점이다. 아무튼 현재 러시아의 상트 페테르부르크의 해군 박물관에 기록으로 엄연히 남아 있고 그 부분품은 재생되어 진열돼 있다.

최초의 기뢰

1912년형 러시아 해군제 기뢰는 기능면에선 어떤 효험이 있었는지 모르나 해부도와 모형을 보면 기발하다. 기뢰 끝에 기다란 촉각이 붙어있고 적함이 지나가다 건드리면 기뢰 속의 뇌관을 치면 아랫부분의 폭약이 터지게 돼 있다.

기뢰 자체를 물 속에서 뜨게 하기 위해 마치 강철로 된 기구 모양 공기가 차있는 부분이 넓다. 기뢰를 설치하기 위해 평평한 대좌 밑엔 바퀴가 달려 있었다. 이걸 손으로 군함 뒤쪽까지 밀고가 바다 속에 밀어넣으면 수평으로 가라앉으면서 기뢰는 쇠줄에 매달린 채 수면 가까이 떠오르게 돼 있다.

주로 적의 군항 출입구 근처에 설치해 출입하던 적함을 침몰시키자는 것인데 군항 입구가 좁을 때엔 입구 쪽에 다가가 스스로 자신의 군함을 침몰시켜서 적함을 꼼짝 못하게 하기도 했다.

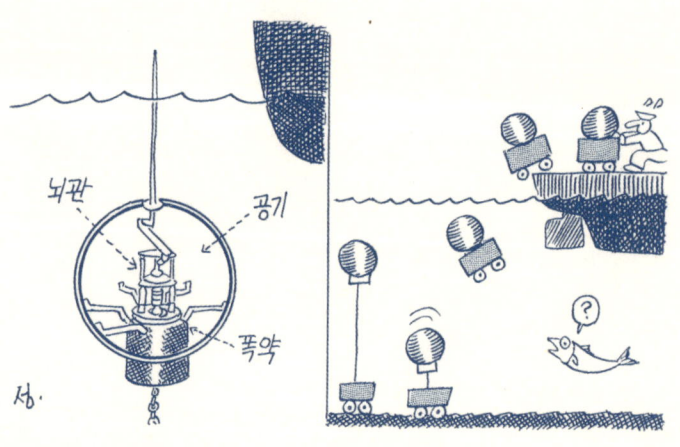

자동기뢰설치 잠수함

기뢰는 구축함에 의해 바다 속에 투입되는게 상식이지만, 1910년 러시아 흑해함대에서 '기뢰설치 잠수함을 건조해 실전에 투입했다.

길이 52미터, 폭 4.3미터, 승조원 50명이 타는 이 잠수함은 '날리에토프'란 사람의 디자인으로 건조되었다.

어뢰 대신 기뢰를 두 줄로 가득히 싣고 가서 꽁무니로부터 뱉어내게 돼 있는데 1915년도엔 실제로 참전해서 터키군함 한 척을 침몰시켰다.

그러나 그후의 잠수함들은 적함에게 다가가 직접 어뢰를 쏘았지 기뢰를 설치하기 위한 잠수함이 건조되었다거나 참전했다는 기록이 없는 점으로 보아 아무래도 어뢰발사 잠수함보다는 못하다는 결론이 참모본부로부터 나온 듯하다.

침공의 구실 '위장극'

1939년 유럽의 '힘의 외교外交'에서 폴란드는 소련과 독일 사이에서 미묘한 입장에 처해 있었다.

더욱이 영국과 프랑스는 동맹국이었으나 독일이 침공해오더라도 그들이 즉각 개입할 상태는 아니었다.

드디어 1939년 9월 1일 새벽, 독일군은 선전포고도 없이 폴란드 국경을 넘어섰고 독일공군은 바르샤바의 공군기지를 폭격, 폴란드는 하루 만에 공군력의 반을 지상에서 파괴당했다.

이때에 히틀러는 독일연방의회에서 연설하기를 "폴란드는 내 제안을 무시했고 폴란드 정규군은 독일 영토 내에 발포했다"라고 했다.

이에 대한 진상조사는 없었고 그의 연설은 대대적 박수를 받아 폴란드 점령이 합리화됐던 것이다.
　그러나 후에 독일 SS대원검은셔츠의 돌격대원의 증언에 의하면 사형수들에게 폴란드군의 군복을 입혀 마치 폴란드군이 독일의 지방 방송국을 공격한 것처럼 보이게끔 그들의 사체를 이곳저곳에 방치해두었다고 한다.

제1차 세계대전
1914년 7월 28일 오스트리아 세르비아에 대한 선전포고로 시작되어 1918년 11월 11일 독일의 항복으로 끝난 세계적 규모의 전쟁이다. 이 전쟁은 영국·프랑스·러시아 등의 협상국연합국과, 독일·오스트리아의 동맹국이 양 진영의 중심이 되어 싸운 전쟁.

제2차 세계대전
1939년 9월 1일 독일의 폴란드 침입과 이에 대한 영국·프랑스의 대독 선전에서부터, 1941년의 독일·소련 개전, 그리고 태평양전쟁의 발발을 거쳐 1945년 8월 15일 일본의 항복에 이르는 기간의 전쟁.
이 전쟁은 첫째 유럽에서는 영독전쟁, 독소전쟁, 둘째 동아시와 태평양에서의 중일전쟁, 태평양전쟁의 단계가 있다. 이들 전쟁은 각각 독자적 요인을 안고 발전했는데. 1939년 9월에 유기적인 연관에 놓여져서 미·영·프·소·중의 연합국과 독·가·일의 동맹국이라는, 전쟁을 일관하는 기본적 대항 관계의 기초가 이룩되었다.

전쟁과 무기

시모세 파우더

1904년 러·일전쟁 해전에서 당시 포탄으로는 두터운 철갑으로 된 대형함을 파괴할 수 없었다. 그래서 일본 측은 적함의 격침보다는 적함의 전투능력을 무력화시키는 데 주력, 해군병기창에 주문해서 시모세마사치카下瀨稚允 기사에게 새로운 폭약을 개발케 했다.

여기서 황색 화약이 태어났는데 피크린산酸이 철에 닿으면 민감한 피크린산염을 만든다는 성질을 이용, 종래의 면화약綿火藥에 비해 여섯 배의 위력이 있는 폭약을 만든 것이다.

즉 3천 도의 고열 가스가 생겨 군함의 도장색칠한 곳을 증발시켜 화재를 일으키고 철판의 봉합부분을 파괴하며, 그 파편은 밀알같이 작게 날아가 사람을 크게 다치게 했던 것이다. 이걸 '시모세 파우더'라고 하며 일본군의 그 포탄이 러시아해군을 공포의 도가니로 몰아넣었던 것이다. 그리고 해전에서도 일본은 이겼다.

연료탱크 매달고 띈 전투기

 일본의 '제로 전투기'가 명성을 날린 이유는 항속거리가 길기 때문이다. 기체가 가벼운데다 동체 밑에 매단 '낙하식 연료탱크'가 위력을 발휘하는 것이다.

 독일의 주력 전투기 '메서슈미트 Me'의 항속거리가 7백킬로미터밖에 안돼 영국 본토 작전 때 지장이 있던 반면 '제로 전투기'는 가득 찬 연료탱크를 부착했을 경우 항속거리가 3천킬로미터에 달해 폭격기가 원양폭격 출격때 이를 호위하는 데 놀라운 힘을 발휘했다.

 장거리를 띌 때 먼저 연료탱크의 연료를 쓰고 나서 적 전투기나 적함을 발견하면 즉시 빈 연료탱크를 떨궈버리고 동체 내 연료를 쓰기 시작하면서 날렵한 몸체로 적에게 돌진해 들어갔다.

 일본해군은 이걸 낙하증조落下增槽라 불렀는데 얼마 후에 연합군 측 제트기에 매단 연료탱크도 이걸 본딴 것으로 보는 이들도 있다.

전쟁과 무기

공군 보병사단

독일 제3제국 총통 아돌프 히틀러는 계속 그의 부하들을 불신했지만 끝까지 믿었던 제2인자 '헤르만 빌헬름 괴링'의 중용重用은 그의 최대 과오 중의 하나였다. 히틀러의 신임이 두텁자 괴링은 자기 전용 미술관과 사냥터를 가졌으며 '대독일국의 국가원수'라 자칭했고 세계 역사상 유례가 없는 공군 소속 보병사단을 창설해 휘하에 두었다. 비행장의 경비는 대대병력이면 족할 것을 22개 사단 40만 명의 육군을 직속부하로 삼았다. 이들은 대공전투에도 참가하지 않았다. 히틀러가 직속 친위대를 두었듯이 자신의 직속부대를 두었던 것이다.

또 그는 "급강하 폭격으로 목표물만 맞히면 됐지 왜 대량의 폭탄을 뿌려버리는 수평 폭격이 필요한가?"라며, "전쟁에서 이기려면 적국의 기간산업을 파괴하는 4발 장거리 폭격기가 필요하다"는 웨벨 공군대장의 충언忠言을 묵살하고 급강하 폭격기 융카스 JU87만 애용했다. 그 결과 영국 본토 폭격과 소련 우랄지방에 있던 군수공장 폭격에 실패해 패망의 원인을 만들었다.

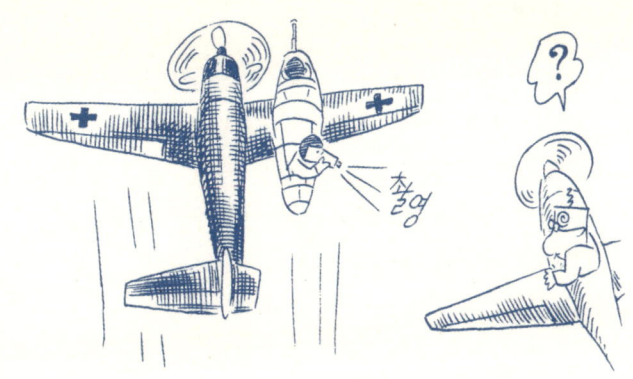

비대칭 정찰기

제2차 세계대전 때 혁명적 군용기 개발에 가장 앞선 것은 독일이었다. 어떤 비행기나 헬리콥터라 하더라도 위에서 내려다보면 좌우 대칭을 이룬다. 그러나 독일 항공기술진은 비대칭 정찰기를 만들어냈다. 'BV 141'이 그것이다.

즉 두 개의 동체 길이가 다르고 꼬리 날개도 한쪽으로 치우쳐진 형태였다. 이는 정찰원의 시계視界와 기관총의 사격 각도를 능률적으로 활용하기 위한 아이디어에 따른 것이다. 그러나 조종사의 입장에선 선회 때 기체의 좌우가 달라 균형이 맞지 않아 조종하기가 무척 어려웠다.

대량생산을 시도했지만 결국 12대만 만들고 중단되었다. 이 정찰기는 '절름발이 비행기'란 별명만 붙여진 채 실용성 없는 두뇌 유희로 그치고 말았다.

전쟁과 무기

군함이 패잔병 수용소로

1942년 6월, 미드웨이 해전에서 일본 본토로 돌아오던 일본군 장병들은 구레✤항구를 멀리 바라보며 가족과의 재회에 설레고 있었다.

그러나 '전원 상륙금지, 전원 통신금지령'을 받자 면도를 하거나 셔츠를 갈아 입던 장병들의 설렘은 금방 분노의 도가니로 바뀌었다.

멀리 불빛과 함께 기적소리가 들리고 여인의 웃음소리까지 들리는 듯해 장병들은 미칠 것 같았다. 해전에서 침몰된 네 척의 항공모함 승조원 중 3천 명은 전사했고, 살아남은 3천 명에겐 함장을 비롯해 전원 상륙 불허명령이 떨어진 것이었다. 그리고 전원이 다른 함대나 남방점령지구로 전보됐다.

본토 상륙금지령은 미드웨이에서의 패전이 일본 국내에 알려질까봐 취해진 조치였다. 말하자면 군함 몇 척을 고스란히 패잔병 해상수용소로 썼던 것이다.

초<sup>超</sup>미니 전투

1866년 6월 2일 미국과 캐나다_{캐나다는 당시 영국의 식민지였다.} 사이의 라임리지라는 국경에서 미니 전투가 있었다. 미국 측에서 약 8백 명의 젊은 아일랜드 이민移民들이 국경을 넘어 쳐들어갔고, 캐나다 쪽에서는 부랴부랴 긁어모은 학생과 민병民兵이 방어를 했다.

이 전투 때 미국 입장에서 공격한 아일랜드측은 IRA_{Irish Republican Army, 아일랜드공화국군} 심벌마크가 그려진 기를 휘둘렀고 전사자 8명, 부상자 20명을 냈다. 한편 캐나다 쪽에선 전사자 12명, 부상자 40명을 냈다.

그런데 이 전투의 발발 원인과 교전지역 등은 현재 역사에서 완전히 사라졌다. 마치 아일랜드의 짙은 안개 속에 파묻혀 보이지 않듯이…… 아마도 서로간에 뒷맛이 나빴던 사실에 대해 빨리 잊어버리고 싶었기 때문은 아니었을까?

전쟁과 무기

2·26 일군 쿠데타 사건은?

1936년 2월 26일 새벽, 하얗게 눈 덮인 동경 시내에서 존왕유신尊王維新의 기치를 내걸고 황도파皇道派 장교들이 이끈 약 천 4백 명의 육군이 쿠데타를 일으켰다.

이들은 "천왕을 둘러싸고 있는 간신들을 응징한다"면서 중대별로 고관 집을 습격해 사이토 내무대신, 다카하시 재무대신, 와타나베 교육총감을 살해했다. 오카다 수상은 피신해 목숨을 건졌다. 또 요소요소를 점거한 채 '군 인사 등에 대한 천황의 재가'를 요구했다. 정부는 이에 강경대응, 27일에 계엄령을 내리고 28일엔 무력토벌 명령을 내려 2만 4천 명의 육군이 그들을 포위해버렸다. '칙명勅命이 내렸다. 군기軍旗에 반항 말라'란 애드벌룬을 띄

쿠데타 coup d'Etat
동일 체제 내에서 지배자의 교체를 목적으로 하며, 혁명과는 달리 민중의 지지를 필요로 하지 않는다. 쿠데타라는 말은 '국가에 대한 일격 또는 강타'라는 뜻으로, 영어의 'stroke of state', 'blow of state'에 해당하는데, 세계 각국에서 보통 프랑스어인 쿠데타를 사용하는 이유는 그 전형적인 예가 프랑스적 기원을 가지기 때문이다. 1799년 11월 9일 나폴레옹 보나파르트는 디렉투아르 총재정치를 폐지하기 위해 의회에 대하여 쿠데타를 감행하였고, 나폴레옹 3세는 1851년 12월 2일 의회를 해산하고 대통령의 임기를 10년으로 연장한 다음, 이듬해 황제가 되었다. 두 나폴레옹 모두 인민투표에 의해서 표면상의 합법성을 취득하였다. 쿠데타는 은밀하게 계획되어 기습적으로 감행되는 것이 보통이고, 반대파의 체포·탄압, 정부요인의 불법납치·감금·암살, 군사력의 강압 등을 배경으로 하거나, 의회를 강점하고 주요 정부기관이나 언론기관을 탈취·점령하는 등 갖가지 방법이 동원되기도 한다. 그리고 괴뢰傀儡정권을 수립할 때도 쿠데타의 방법이 종종 이용되기도 한다. 역사상 유명한 쿠데타의 예로는 1922년 10월 B. 무솔리니의 로마 진군에 의한 정권 획득, 1933년 3월 히틀러에 의한 나치스의 정권 획득, 1940년 F. 페탱의 비시정부 수립, 1967년 그리스의 군부쿠데타 등이 있다. 중남미제국에는 특히 쿠데타가 자주 발생하여 1945~1960년에 무려 30명의 대통령이 쿠데타에 의해 교체되었다.

우고 방송은 연거푸 "군에 고한다. 즉시 원대복귀하라"고 명령하자 저녁 때에 무혈로 진압 되었다. 주모 장교 두 명은 자결하고 장교 18명은 자수, 수감되었으며 전격적으로 열린 비공개 군법회의 결과 사형 17명, 무기징역 5명, 금고형 54명으로 결정되었다. 진압되기 직전 행동파 장교들은 육군대신 집 마당에 모여 "우리는 자결해서 사죄할 테니 칙사를 보내 우리에게 마지막 영광의 기회를 달라"고 했다. 그러나 대노한 천황은 "자결하고 싶으면 마음대로 하라. 칙사라니 말도 안 된다"고 전해와 집단자살은 유보되었다. 이 사건 이후 각료들은 군의 눈치를 계속 보게 됐고 급기야 일본은 군국주의 국가로 전락하게 된다.

전쟁과 무기

후커 사단

1860년대 남북전쟁 때 북군의 지휘관 조셉 후커는 위안부들을 모집했다.

군대의 전투 의욕을 북돋우기 위해 사랑의 서비스를 하자는 것이었다. 이런 여성들의 숙소와 영업장소를 당시엔 후커 사단이라 부르기도 했다.

근래에 워싱턴 화이트하우스 근처의 건설공사장에서 왕년의 후커 거리로 추정되는 옛 지하 저장고가 발견됐다. 그 속엔 향수병과 거울, 실내장식품, 스타킹을 고정시키는 거들, 남북전쟁 당시의 위스키병 등이 나와 신문지면을 장식했다. 대충 백 개 이상의 숙소와 50개 이상의 서비스룸이 있었던 것으로 추정되고 있다.

요즘도 미국에선 거리의 여성을 후커라 부르고 있다. 후커 장군의 이름이 묘한 데에서 남아 있는 것이다.

가미카제 노이로제

1944년 10월 미군이 필리핀에 상륙을 개시하자 새로 부임한 오니시 제1항공함대 사령관은 미국 항공모함의 갑판을 일주일 정도 사용하지 못하도록 제로전투기에 250킬로그램의 폭탄을 안겨 미 함대에 돌격케 했다. 이것이 미군 측에서 본 '가미카제神風' 특공이었다.

10월 25일, 미국 호위항공모함 '세인트로'의 갑판이 뚫려 격납고 속 연료와 폭탄이 터지며 침몰한 것을 시작으로 미국 함대는 엄청난 피해를 입었다.

계속되는 특공대의 공격으로 미군은 함대사령관 이하 삼 등 수병에 이르기까지 가미카제 노이로제에 걸렸다. 10월 말 항모 '와스프'의 승조원 전원에 대한 건강진단 결과 겨우 30명만 전투지속 능력이 있는 것으로 나타났다.

결국 미군을 가미카제 노이로제에 걸리게 한 것이 특공대의 커다란 성과였다.

전쟁과 무기

자살특공

1945년 4월 11일, 오키나와 근해에서 폭탄을 매단 가미카제 특공기가 미국 전함 미주리호에 돌입했다. 그러나 특공기의 기수機首가 떠오르면서 돌입 각도가 얕아져 특공기는 튕겨 나갔고 미주리호의 손해는 극히 가벼웠다.

특공기에 다이브 브레이크가 없었기 때문인데, 오니시 항공사령관의 한 막료는 특공기의 효능에 대한 질문을 받고 "항공모함의 갑판을 파괴할 정도만 기대된다"고 대답했다.

가미카제도 기준 배수량이 만 톤이 안 되는 호위항모에만 효과가 있었고, 대형 정규항모는 단 한 척도 침몰시키지 못했다.

삶아진 군주의 시신

중세 때 3차 십자군은 영국·독일·프랑스의 세 군주가 직접 지휘관으로 출정했다.

특히 독일의 프리드리히 1세는 십만 대군을 이끌고 참전했다. 그러나 그는 아시아의 세우레키아 부근의 개울에 빠져 익사했다.

십자군은 할 수 없이 대왕의 시신을 대형 가마에 넣고 푹 고아 뼈와 살을 분리한 후 뼈만 씻어 부대에 넣어 고국으로 가져가도록 했다. 내장은 현지에 묻어버렸다.

당시의 십자군 참가 군인들의 골칫거리는 바로 전사자의 시신을 어떻게 가져 가느냐는 것이었다. 심사숙고 끝에 부대별로 대형 가마를 끌고 가기로 했고, 시신은 고아 뼈만 남겨 귀국할 때 가져갔던 것이다. 비단 프리드리히 1세만 그랬던 것은 아니다.

포로는 수치?

제2차대전 때 일본군엔 '전진훈戰陣訓'이라는 것이 있었다. 여기에는 '창피를 아는 자는 강하다. 살아서 포로의 수치를 당하느니 죽음으로써 오명을 남기지 마라'라는 것이 있다.

이러한 무사도와 황도皇道를 근간으로 세뇌를 받아, 미군의 이오지마硫黃島를 비롯 오키나와 상륙작전 때 수많은 일본군은 수류탄 등으로 자결했고 일반 주민들도 수백 명씩 집단 투신자살을 했다. 이 전진훈의 기초 책임자는 교육총감 야마다山田乙三 대장으로, 만주중국 동북부 주둔 관동군 총사령관으로 있다가 종전을 맞게 되자 몇 백만의 일본인 주민들과 군부대는 내버려두고, 자신과 가까운 친지의 보신책만 강구하고 도망쳐 길이 오명을 남겼다.

전쟁에서 부상당하거나 탈진해 포로가 되는 경우는 허다하다. '포로의 수치' 운운하는 것은 사무직에나 종사하던 이가 만들었을 것이라고 실전에 참가했던 군인들은 말하고 있다.

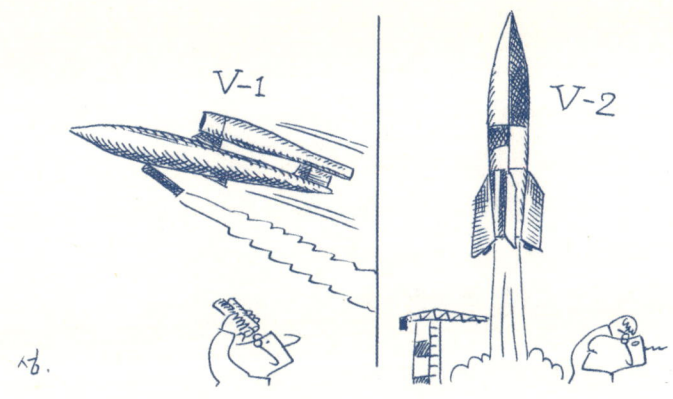

V-1호, V-2로

제2차 세계대전 때 독일군이 개발한 무인비행폭탄은 보복무기 Vergeltungs Waffen의 머리글자를 따서 V-1형이라 불렀다.

항공기형 V-1은 시속 50킬로미터로 영국으로 날아가 탄두에 붙은 820킬로그램의 폭탄이 낙하해 터지는 신형 병기였다.

1944년 7월 영국 정부는 이 피해를 막기 위해 여성과 어린이 17만 명을 런던에서 소개疏開시켰다.

그러나 V-1이 속도가 느려 대공포와 전투기가 이를 격추시키자 독일은 고도 96킬로미터, 시속 5,632킬로미터의 V-2형을 개발했다. V-2 폭탄 약 천4백 발 중 천2백 발이 명중하자 시민들은 공포에 떨었다.

종전과 동시에 V-2 개발에 종사한 폰 브라운 박사 등은 연합군에 연행됐으나 그후 그들은 미국 항공우주국NASA의 아폴로 계획에 참가, 최초의 '인류 달 착륙'이라는 거대한 결실을 보았다.

전쟁과 무기

히틀러의 오판

2차대전 때 히틀러는 유럽 최강이라는 프랑스 육군을 불과 6주 만에 격파 했으니 소련군의 격파는 더욱 쉬울 것으로 생각했다.

소련 침공은 그들의 위협때문이라기보다 그들의 정복이 쉽다는 점을 고려했고, 보급물자도 한 달 분만 있으면 될 것으로 오판해서 이뤄졌다. 1941년 6월 22일 공격이 개시되었다. 그러나 전쟁의 양상은 프랑스 침공 때와는 전혀 달랐다.

독일군 최대의 적은, 넓은 소련 국토와 기후였으며 전혀 염두에 두지 않았던 그들의 잠재적 군사력이었다. 프랑스 전선 돌파 때만 해도 독일군 각 부대는 전진할수록 부대간의 거리가 좁아지기만 했다.

『나의 투쟁Mein Kampf』
히틀러의 저서로 뮌헨반란 이후 투옥되어 있던 1924년 구술필기口述筆記를 시작하여 1925~1927년에 2권으로 간행되었다. 자신의 성장과정과 초기의 정치활동에 대하여 많은 왜곡을 가하면서 업급하였으며, 동시에 반민주주의적 권력사상과 반유대주의적 세계관을 피력하였다. 또한 동유럽의 유대인들을 추방하고, 그곳에 지배민족인 게르만족의 대제국을 건설한다는 구상을 제시하였다. 1928년 저술되어 제2차 세계대전 후에 발견된 속편에서는 그의 대외정책 구상이 보다 구체적으로 기술되어 있다. 천만 부 이상 발행된 나치즘의 경전으로 나치즘 연구에서 없어서는 안 될 문헌이다.

하지만 레닌그라드_{상트 페테르부르크의 옛 이름}와 모스크바, 로스토프 방향으로의 진격은 육군의 힘을 삼 분시켰고 전선의 공백지대는 넓어지기만 했다.

독일 정보망의 해석에 따라 히틀러는, 적군의 항공 기갑부대가 수는 많지만 거의 구식인데다 끝없는 숙청으로 지휘계통이 혼란스럽고 훈련도 불충분한 것으로 알고 있었다.

이런 견해는 전혀 틀린 건 아니었으나 독일도 소련의 잠재적 군사력_{T34 탱크와 스트로모빅 전투기}에 대해선 까맣게 몰랐던 것이다. 히틀러는 적의 약점만 본 탓에 자신의 장점을 과신했던 것이다.

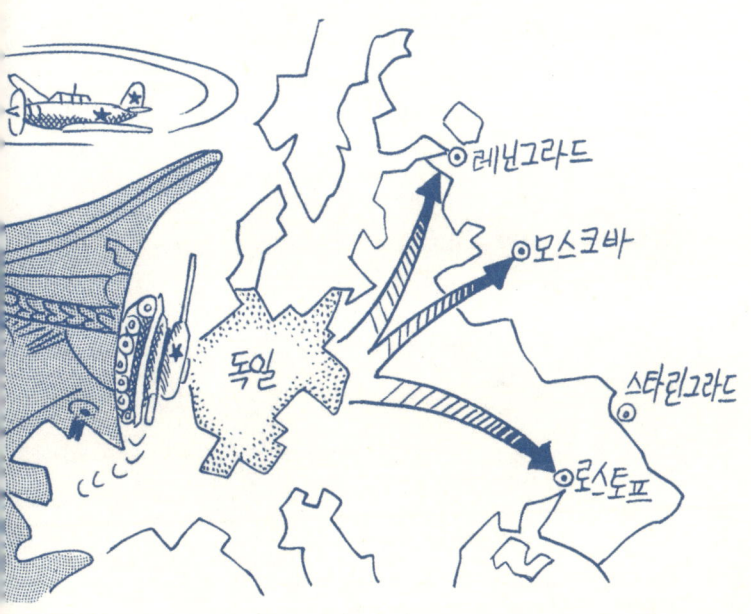

전쟁과 무기

폭탄 명중 순간

태평양 전쟁의 미드웨이 해전 때 일본 항공모함 아카키赤城에 타고 있던 보도반원기자의 수기엔 이렇게 쓰여 있다.

'순간 발신관이 붙은 미군 폭탄이 갑판에 떨어져 폭발하자 갑판 위에 있던 전투기 정비병들은 개미 떼같이 바다로 흩어져 떨어졌다. 그중 한 명은 뭘 생각했는지 갑판 위를 질러 뛰어갔다. 순간 공 같은 게 옆으로 날아가는 게 보였고 목 없는 몸체만 열 걸음쯤 뛰어가다 쓰러지는 것이었다. 공 같은 건 그의 머리였다.

격납고 속에 있던 폭탄이 터지기 시작하자 대공기관포를 쏘던 수병은 순식간에 날아가고 그의 왼팔만 기관포 방아쇠에 대롱대롱 매달려 있었다. 다시 눈앞이 번쩍하고 폭탄이 터지자 군인들은 바다로 퉁겨져 날아갔는데 처음엔 사람의 형체로 날아가다가 떨어질 때엔 손발이 모조리 조각나 떨어지는 것이었다. 그중 온전한 몸으로 떨어지는 건 공군 조종사들이었다. 아래위가 붙은 조종사복이 몸의 분산을 막은 것이다.'

U보트 전성시대

  1939년 10월8일 독일 잠수함 U보트 한 척이 킬 군항을 출항했다. 낮에는 바다 속에 가라앉았다가 밤중에 떠올라 항해한 끝에 10월 13일 영국 해군의 근거지 스캐파플로에 도착했다.

  밤 12시 27분 영국 전함 로열 요크호에 접근, 어뢰 네 개를 발사하자 폭음이 진동하며 하늘로 올라갔던 불기둥이 폭포처럼 쏟아져내리고 로열 요크호는 13초 만에 가라앉아 버렸다.

  이때 수병 천 2백명 중 424명만 구조됐다. 이 소식을 들은 히틀러는 미친 듯이 환호했다.

  그리고 이 U보트에 출격 명령을 내린 카를 데니츠는 소장으로 진급, 잠수함 대사령관으로 임명되었다.

  그 당시까지 '전함 우선주의'를 내세웠던 FP더 원수는 퇴진하고 데니츠의 U보트 시대가 막을 열게 된 것이다.

전쟁과 무기

잠수함에 의한 피해

1942년 U보트에 의해 격침된 연합군 측 선박 손실은 월간 70만 톤에 이르렀다. 이 무렵 미국을 포함한 연합군 측의 선박건조 능력은 월간 60만 톤에 불과했다.

히틀러가 전함 신봉자인 레더 원수를 해임시키고 잠수함 신봉자인 데니츠를 해군총참모장으로 임명한 것도 요인이 됐다.

1942년·6월, 미국육참총장 마셜 장군도 'U보트에 의한 연합군 측 함정의 손실은 우리의 전쟁 노력을 위협하고 있다'고 심각성을 깨우쳐주었다. 1943년 1월 처칠과 루스벨트의 '카사블랑카' 회의에서도 'U보트 격멸'에 대한 노력과 집중에 합의했다.

태평양에선 남방 쪽으로 진출한 일본군의 물자를 수송하는 일본수송선이 연합군 측 잠수함에 의해 계속 격침되어 일본군은 기아 선상에서 패망을 맛보았지만, 대서양에서는 이와 정반대로 독일 잠수함에 의한 손실이 엄청난 것이었다.

아벤저 1기의 복수

호위항모 '헌터 킬러그룹'에 탑재된 함재기는 아벤저(복수자)란 이름의 뇌격기(雷擊機)로 3인승에다 어뢰까지 탑재할 수 있었다.

어뢰는 기체 밖에 매다는 게 상식이었으나 아벤저는 몸속에 수용했다. 그래서 아벤저의 몸체는 뭉툭하고 볼품사나웠다.

이 어뢰는 음향탐지 어뢰였는데 방첩상 명칭을 '마크24기뢰'라고 위장했다.

음향탐지 어뢰인 U보트가 해상에 정지해 있으면 투하해도 효력이 없으므로 먼저 U보트를 향해 기총소사를 가하고 U보트가 놀라 도망치려고 스크류를 돌리게 되면 '마크24'를 투하, 스크류음(音)을 따라 어뢰가 쫓아가 폭발하는 것이 아벤저의 공격 패턴이었다.

실로 U보트에게 아벤저는 벌거벗은 몸에 말벌이 달려드는 것과 같았다.

전쟁과 무기

진창 속에 파묻힌 군대

나폴레옹이나 히틀러의 소련 침공 패인敗因은 동장군이라고 보는 이들이 많으나 그보다는 진흙 구덩이가 더 큰 원인이 되었다. 소련 땅은 늦가을부터 장마가 시작되어 이듬해 봄철까지 진흙의 바다가 된다.

유럽에선 자동차의 보급에 맞춰 주요 간선도로는 포장이 잘 되어 있다독일의 아우토반 등. 독일군의 전격적인 공격電擊的은 이 도로를 활용한 탓이 된다. 네덜란드, 벨기에, 프랑스를 독일군 탱크와 하프트럭, 대포 견인 트랙터가 바람같이 달렸던 것이다.

그러나 소련의 도로는 키예프와 모스크바, 레닌그라드로 남북으로 이어져서 독일군의 진격 방향과는 직각을 이룬다.

이 진창의 바다에서 전륜全輪구동은 물론 차체까지 파묻혀 진창을 휘집고 탱크가 겨우 빠져나왔더라도 그 연료 소비량은 엄청났고 유조차가 따라오지 못하면 소용이 없어진다.

난국을 타개하는 길은 마차의 활용밖엔 없는데 소련군은 이 사실을 감안, 다량으로 보유하고 있는 바퀴가 큰 마차를 전선의 소련군에 군수품을 수송한데다, T34가 강력한 디젤엔진으로 활개치고 돌아다녔으니 독일군이 당해낼 도리가 없었다.

마차馬車

마차의 역사는 전차에서 비롯되었는데, 오리엔트·이집트 등의 각지에서 발견되는 부조浮彫에 그려져 있는 한 마리 또는 여러 마리가 끄는 2륜전차가 그것을 뒷받침해준다. 중국에서도 은殷나라·주周나라에는 사마駟馬라고 하는 데 네 마리의 말이 끄는 전차가 있었으며 당시의 왕릉 등에서는 마차전차가 차장車長·사수射手·마부를 태우고 말이 멍에에 매인 채 매장되어 있는 것이 발굴되었다. 그러나 BC 8세기경부터 기마병騎馬兵이 생겨 전법戰法이 차전車戰에서 기마전으로 바뀜에 따라 군사용으로 발달한 마차는 승용乘用·화물운반용으로 바뀌어 바퀴도 두 개에서 네 개로 되었다. 15~16세기에는 호화로운 사치품이 되어 이것이 코치Coach라고 하는 4륜마차의 기원이 되었으며, 형태도 무개마차無蓋馬車에서 유개마차로 바뀌어 19세기 초에는 여행용·유람용으로 사랑을 받게 되었다. 미국에서도 역마차가 등장하여 서부개척에 한몫을 담당하였다. 한국에서는 한말韓末에 프랑스에서 마차를 사들여 고종황제가 애용하였는데, 지금 그 마차가 창덕궁 어차고御車庫에 전시되어 있으며, 교통기관으로서 마차 이용은 대중화되지 못하였고 주로 화물운반용으로 이용되었을 뿐이다.

전쟁과 무기

전세를 역전시킨 T34

독일군이 물밀듯이 소련을 침공했을 때 앞을 가로막은 건 T34란 괴물탱크였다. 이 탱크의 설계팀은 미하일 이루이치 코시킨과 그 그룹이었다. 소련이 '로지나^{祖國}'란 애칭을 붙여줄 정도로 귀하게 여긴 이 전차가 결국 전세를 역전시켰다.

T34-76이라 함은 76밀리미터 포 장착을 말하는데 1943년엔 T34-85가 나오고 그후로도 이 탱크는 50년의 세월을 살아남는다^{6·25 때의 북한군 선봉도 T34이다}. 이때의 독일기갑부대의 선봉은 Ⅲ호 전차 50밀리미터로 T34의 적수가 안 된다.

T34의 엔진은 수냉^{水冷} 디젤로 발화점은 높지만 쉽게 불타지 않고 가솔린 엔진보다 장거리를 달리며 혹사시켜도 잘 견딘다.

전차의 종류
전차는 무게와 탑재된 화포의 구경에 따라서 경^輕전차·중^中전차·중^重차로 나누며, 용도에 따라 정찰·대공·전투·구축·지원 등의 전차로 분류한다. 경전차는 무게 15~20톤에 75~85밀리미터 정도의 포를 탑재한 것. 중^中전차는 무게 20~50톤에 90~110밀리미터 정도의 포 탑재, 중^重전차는 무게 50톤 이상에 120밀리미터 이상의 포를 정비한다. 정찰용 전차·대공전차는 경전차가 사용되며, 전투전차·구축전차는 중^中전차로 되어 있다. 전투지원 전차는 주로 중^重전차를 가리킨다. 또한 전차를 지상전차와 수륙양용전차로 구분할 수 있고, 지상전차 가운데에는 수중을 달릴 수 있는 잠수도섭^{潛水渡涉}이 가능한 전차도 있다. 그 외에도 화염방사기를 장비한 것, 레이더를 장비한 것이 있다.

장갑 두께는 45밀리미터로 Ⅲ호의 33밀리미터보다 두껍고 Ⅲ호엔 장갑의 경사가 없는데 T34엔 경사가 심해 적의 철갑탄이 관통하지 못한다. Ⅲ호의 최대속도 40킬로미터, 항속거리 170킬로미터에 비해 T34는 최대속도 53킬로미터, 항속거리 350킬로미터였다.
 독일군은 이에 놀라 Ⅴ호 팬저판더·표범, Ⅵ호 1형 티거타이거·호랑이, Ⅵ호 2형 쾨니히스 티거킹타이거·호랑이의 왕를 계속 만들어냈으나 전세는 이미 기울어 있었다.

전쟁과 무기

조국 잃은 해군의 비극

1940년 5월 독일군은 노도와 같이 프랑스를 침공, 프랑스 공군과 육군을 한 달 만에 괴멸시켰다. 이같이 프랑스의 대부분이 점령당했음에도 불구하고 프랑스 해군만은 건재했다. 진 쪽이 이긴 쪽을(적어도 해군만은) 압도할 전력을 지녔다는 사실은 사상 유례가 없는 것이었다.

그러나 프랑스 해군은 유럽 쪽 일부와 지중해 연안에 함대가 분산돼 정박해 있었기 때문에 명령계통은 엉망이었고 함정의 정비상태와 장병의 사기도 최저였다. 영국의 수뇌부는 이 함대가 독일에 가담할 경우 적의 전력은 순식간에 두 배로 늘어난다는 점을 감안해 이를 저지키로 했다. 지중해의 쓰롱항과 케빌항으로 대함대를 보내 '프랑스 함대는 즉시 자체 침몰하거나 영국 항구로

와 그 지휘하에 들어갈 것'을 요구했다.

즉 중립은 인정할 수 없으며 적 아니면 아군이 되라는 뜻이었다. 이에 대한 대답이 늦어지자 포격을 개시했다. 항구 내에서 꼼짝 못하고 있던 프랑스 전함 두 척이 침몰, 천 명이 전사하고 2천 명이 부상당하는 참사가 일어났다.

이 뉴스를 접한 프랑스 국민은 격노했고 독일과 협력관계에 있던 프랑스 비시 정부는 단독으로 대영對英 선전포고를 하려 했다. 뿐만 아니라 런던에 있던 드골의 자유프랑스 군도 강력하게 영국을 비난했다. 비시 정부는 이를 국제사법재판소에 제소하고자 했으나 재판소는 독일 점령하의 헤이크시市에 있어서 이 역시 실현되지 않았다.

해군海軍
주로 해양·하천·호수 등의 수상水上·수중 및 그 상공을 활동무대로 하여 국가방위를 담당하는 군대로 평시에는 자국의 항해·해상무역·어업·재외거류민在外居留民 등에 대한 권익보호를 위하여 활동한다. 전시에는 적국의 해상병력(수중병력 및 해상 항공병력을 포함)을 격멸함으로써 제해권制海權을 장악하여 그 해역을 전쟁목적 달성을 위하여 자유롭게 사용할 수 있도록 보장하는 것을 주임무로 한다. 그러나 최근에 와서는 제해권의 확보나 그 행사가 목적이 아니고, 잠수함 등에 의하여 적의 해상교통을 파괴 또는 방해하는 것을 주임무로 하고 있다. 핵미사일을 탑재하여 전략핵보복력으로 전쟁을 억제하고, 주임무로 하는 것, 또는 항공모함과 상륙부대의 합동병력에 의한 국지분쟁의 확대방지나 국지분쟁의 해결을 주임무로 하는 해군도 출현하고 있다.

전쟁과 무기

신풍특공대와 순라대

일본은 1944년 10월경, 태평양 전쟁에서 패색이 짙어지자 신풍 神風특공대를 각 기지에 편성해, 폭탄을 매단 전투기로 연합군 항공모함에 돌진해 자폭케 했다.

이들은 출발에 앞서 흰 보자기를 깐 나무책상 위에 놓인 오징어와 차가운 정종 한 잔씩을 부대장 앞에서 건배하고 조용히 죽음의 길로 날아갔다. 상관과 전우들에게 마지막 작별의 경례를 부칠 땐 활짝 웃는 모습으로 사진을 찍었고 이들에 대해선 거국적인 미화美化가 뒤따랐다.

과연 이들은 일본 무사도의 정신으로 활짝 웃으면서 죽음의 길로 향했던 것일까? 사실은 모두가 그랬던 것은 아니다. 언제 죽

가미카제神風
제2차 세계대전 때 폭탄이 장착된 비행기를 몰고 자살 공격을 한 일본군 특공대. 가미神는 신, 카제風는 바람이라는 뜻으로 신이 일으키는 바람이라는 뜻이다. 제2차 세계대전이 끝날 무렵 일본군이 점령하고 있던 필리핀에 연합군이 상륙하자 일본군은 연합군의 진군을 막는 수단으로 가미카제 특공대를 편성하여 공격하기 시작했다. 조종사들은 천황을 위해 죽는 것을 명예로운 일이라고 생각하여 연합군 함대의 동체胴體에 부딪치는 무모한 공격을 가했다. 1945년에는 오키나와를 방어하기 위해 천 명이 넘는 특공대원이 가미카제 공격을 했다. 가미카제이 공격으로 30척 이상의 연합군 군함과 350척이 넘는 전함이 피해를 입었으나 주요 목표물인 항공모함은 침몰시키지 못했다. 가미카제는 연합군에 입힌 피해보다는 연합군에 대한 저항의 상징으로 일본이 자국민을 전쟁에 무모하게 동원하는 데 더욱 중요한 역할을 했다. 그 뒤 가미카제라는 말은 위험을 무릅쓰고 무모하게 하는 행동을 비유하는 말로 쓰였다.

을지 모를 특공대원들은 날로 광폭해져 갔고 음주 후엔 도처에서 싸움질을 했으며 창녀를 서로 빼앗으려 권총질을 해댔다. 이 때문에 교외나 농촌에서 해가 지기 무섭게 문을 걸어 닫았으며 부녀자들은 외출을 하지 않았다. 그래서 후방부대에 순라대가 편성되어 이들의 풍기를 다스렸던 것이다.

헌병대의 대행을 맡은 순라대가 권총을 차고 곤봉을 든 채 몇 명씩 조를 짜 거리를 순찰했다는 기록이 요즘들어 도처에서 발견되고 있다.

이기고 진 전투

제2차 세계대전 때 독일의 동맹국 이탈리아군은 지중해·홍해·아프리카·그리스 등 도처에서 패배를 거듭했고, 독일군은 이를 탈환하기 위해 전투를 치러야 했다.

그중 크레타 섬을 영국군으로부터 탈환하기 위해 1941년 5월 독일군은 아끼고 아끼던 공수부대 3개 사단을 투입했다. 그리스로부터 후퇴한 영국군 3만명을 분쇄키 위해 패러슈트와 글라이더를 동원하고 공수부대 2만 3천명을 투입해 불과 일주일 만에 섬 전체를 제압했다.

그러나 이 전투에서 가장 잘 훈련된 공수부대 7천 명과 융카스 52 수송기 350대와 그 조종사들을 함께 잃었다. 이 수송기의 손실

은 독일 항공수송력의 20퍼센트에 해당하는 것으로 너무나 값비싼 대가를 지불했던 것이다.

결국 여기서 힘이 빠진 독일군은 대규모의 공수작전을 더 이상 수행할 수가 없었다.

이것을 과연 이긴 전투로 봐야 할 것인가? 종전 후 일본 관광객이 독일을 여행할 때, 나이 든 독일인들이 일본인을 보고 악수를 청하면서 "다음(전쟁 때)에 다시 보세. 이탈리아는 제쳐놓고 말일세"라고들 했다고 한다.

크레타 섬 Creta I.
크리티Kriti섬이라고도 하고, 영어로는 크리트Crete섬이라고 한다. 면적은 8,247제곱킬로미터, 인구는 54만 명(1991년)이다. 길이 254킬로미터, 너비 10~56킬로미터이다. 행정상 카니아·레팀논·이라클리온·라시티의 네 개 주州로 나누어져 있다. 석회암질의 산지가 동서 방향으로 뻗어 서쪽·중앙·동쪽에 해발고도 2천 미터가 넘는 레브카산괴山塊·이디산괴·디크티산괴 등이 있으며, 최대의 평야는 중앙 남부의 메사라 평야이다. 주요농산물은 포도·올리브·감귤류이다.

RAF영국공군 전술

제2차 세계대전 때 독일은 프랑스를 점령, 도버해협 연안 항공기지를 이용, 불과 160킬로미터밖에 안 되는 런던을 폭격 목표로 삼았다

그러나 독일 메서슈미트BF109의 항속거리는 7백킬로미터에 불과해 이륙 후 런던 상공까지 가는 동안에 연료의 3분의 1을 소비하게 된다. 따라서 영국 본토에서의 체공시간은 30분이고 공중전의 경우는 15분을 넘길 수 없었다.

영국 스피트파이어도 항속거리는 짧으나 그들은 연료가 떨어지면 본토 상공이므로 아무 곳이나 내려앉을 수 있었다. 이에 반해 독일 전투기는 독일 폭격기를 에스코트해 영국까지 와야하므

도버해협 Strait of Dover
북해와 영국 해협을 연결하며, 프랑스에서는 칼레 해협이라고 한다. 영국 해협 중 가장 좁고 낮아 도버~칼레간 35.4킬로미터, 깊이 37~46미터이다. 영국 쪽 도버 부근의 해안은 노스다운스끝에 해당하며, 백악白堊의 하얀 단애를 이루는 것으로 유명하다. 영국의 별칭인 앨비언 하얀나라은 이것에 유래한다. 도버와 칼레 사이에는 철도연락 페리가 다니고 있는데, 도버 부근의 포크스턴과 칼레 부근의 코쿼유를 연결하는 해저 터널을 영·프 공동으로 '영국해협 터널계획'에 의하여 1995년에 유리터널이 개통되었다. 매년 여름에 개최되는 도버해협 횡단레이스가 유명하다.

로 공중전을 빨리 끝내야 했다. 공중전 때에는 보통 비행 때의 세 배의 연료가 소모되기 때문이다.

 영국공군은 이를 알아차리고 적기의 격추만을 노리지 않고 적기를 약올리는 작전에 들어갔다. 즉 공중전에서 시간을 끌면 그들은 기지까지 돌아가다 추락해버리기 때문이다.

 이 RAF영국공군전술은 커다란 성과를 올렸고 독일 전투기의 손실은 엄청나게 늘어났다. 연료 부족으로 바다나 모래사장에 불시착하면 조종사들은 대게 구조됐으나, 기체는 다시는 못쓰게 망가졌던 것이다.

둘리틀 육군중령

미국은 일본군의 진주만 기습으로 침통해 있던 국민에게 무엇인가 파격적인 희소식을 안겨주고자 했다. 이를 위해 감행된 작전이 둘리틀 중령에 의한 최초의 도쿄 폭격이었다.

1942년 4월 항공모함 호네트에 B25쌍발폭격기 16대를 탑재, 일본 본토 연안 5백마일 밖에서 발진키로 했다. 그러나 4월 18일 일본 해군 초계정에 탐지되어 함대의 안전을 위해 본토 연안 660마일 밖에서 발진, 폭격을 감행했다.

일본 초계정은 즉각 무전을 쳤으나 일본 측은 이 먼 거리를 날아올 장거리 폭격은 불가능하다고 판단하여 방심하다 고스란히 당하고 말았다.

도쿄에 13대, 나고야에 2대, 고베에 1대가 공습을 감행했다.

그러나 공습을 끝낸 폭격기들은 함대로 돌아갈 수 없어 하는 수 없이 계속 날아가 중국 각지에 불시착하거나 또는 대파되었다. 전체 인원 80명 중 72명이 생환됐지만 세 명은 일본군에 잡혀 처형되었다.

루스벨트 대통령은 "태평양의 어느 비경 샹그릴라로부터 날아가 폭격……"이라고 발표해 미국민을 열광케 함과 동시에 포로의 처형에 대해 격분케 했다. 영화〈진주만〉에선 생환자가 몇 명밖에 안 되는 것으로 나와 있으나 이건 극영화로서의 과장일 뿐이다.

미드웨이 해전 Battle of Midway

6월 5일 일본군은 야마모토山本 해군대장이 지휘하는 전함 11척, 항공모함 8척, 순양함 18척 등 연합함대 주력과 나구모南雲 중장 지휘하의 기동부대를 합친 350척의 대병력을 동원하여 미드웨이 섬의 미군기지 공격과 미해군 기동부대를 유인, 섬멸하기 위한 작전을 펼쳤다. 일본으로서는 이 작전을 입안 중이던 4월에 J. H. 둘리틀의 폭격기대에 의하여 도쿄가 첫 공습을 받자 이 작전에 제해수역制海水域의 확대까지도 기대하고 있었다. 그러나 색적索敵을 게을리한 것과 암호가 미국 측에 해독된 탓으로 대기 중이던 미국의 급강하 폭격기대의 급습을 받고 나구모 함대는 주력 항공모함 4척과 병력 3천 5백 명, 항공기 3백 대를 상실하는 참패를 당하였으며, 제공권 상실로 작전을 중지하는 수밖에 없었다. 태평양전쟁 개전 이래 태평양·인도양에서 우위를 지켜온 일본의 해군 기동부대는 이 해전의 패배 이후 전국의 주도권을 미군 측에 내주게 되어 전쟁 수행상 중대한 전환점이 되었다.

전쟁과 무기

만세돌격

태평양전쟁 때 일본군은 하늘에선 가미카제神風 특공대를, 육지에선 '만세돌격'을 감행해 세계를 놀라게 했다.

1944년 6월 사이판 섬을 거의 점령당한 일본군은 나구모南雲 해군중장과 사이토齊藤 육군중장의 명령에 따라 7월 7일 오전 3시 30분 잔존병력 2천 명은 사이판 서쪽 해변가의 미 육군부대를 향해 '만세돌격'을 감행했다.

미군 측이 사이판 섬을 거의 점령한 것으로 판단하고 해병사단 가운데 1개 사단을 다른 전선으로 옮긴 후였다.

일본군은 마지막으로 남은 전차 두 대, 기관총 몇 대 외엔 소총과 피스톨, 또는 총검을 동여맨 막대기를 휘두르고 아우성을 치며 돌

전쟁기술의 소모전과 전격전

4년간에 걸쳐서 벌어진 제1차 세계대전에서는 종래와 같은 대병단끼리의 섬멸전술이 실효를 거두지 못하였다. 즉 전술분야에서는 양측의 힘이 균등하여 상대방의 방어력을 뚫을 만한 공격력을 조직하지 못한 것이다. 따라서 전쟁이 교착화되고 장기화하여 결국 국가차원에서 상대방의 전력을 소모시켜야 승리할 수 있다는 새로운 사실을 경험하게 된 것이다. 전후 이러한 경험을 분석하여 전쟁에서 승리를 얻기 위해서는 비단 군사력뿐만 아니라 국가가 가지고 있는 유형무형의 인적·물적자원이 전쟁목적에 총동원되고, 그것을 전력화시켜야 한다는 이른바 국가총력전이 제창되고 제도화되기에 이르렀다. 그러나 전통적으로 섬멸작전을 신봉하고 있던 전략가 가운데에는 제1차 세계대전이 소모전화된 것이 반드시 전쟁의 본질 자체가 변화한 때문이 아니라 초전에 전술 운용을 잘못한 결과라고 하는 주장. 소모전략을 기조로 하는 국가총력전 사상과, 섬멸작전으로부터 발전시킨 이른바 전격전電擊戰 사상이 양립하게 되었다. 그후에 항공기와 전차가 크게 발달하게 되자 이것을 장비한 소수 정예부대에 의한 전격작전이 가능해짐으로써 새로운 섬멸작적 사상이 소모 전략사상을 압도하는 경향을 보이게 되었다. 제2차 세계대전이 발발하자 이와 같은 전략 사상을 신봉하던 독일군은 우세한 공군력과 전차력을 이용한 전격작전을 감행하여 전쟁 초기에 큰 군사적 성공을 거두었으나, 그것으로는 승리를 얻지 못하고 결국 소모전에서 완전히 패배하는 결과가 되었다.

격했다. 미군은 압도적으로 우세한 화력으로 이에 맞서서 문자 그대로 시산혈해를 이루었으나 거의 천여 명의 미군 사상자를 냈다는 것은 놀라운 일이 아닐 수 없다. 미군은 반 수 가량이 전사했고 바다까지 내쫓긴 병사는 상륙용 보트로 구조되기도 했다.

미국의 역사학자는 "이거야말로 일본 이외의 어떤 나라 군대도 이에 필적할만한 행동을 할 수 없는 확고한 행동이었다"며 육탄돌격으로 자기 부대 인원수의 반 가량되는 적을 격파한 사실에 대해 놀라움을 표시했다.

전쟁과 무기

군기와 할복

일본 경응 4년[1868] 2월 15일, 오사카 근처 '사카이堺'는 외국인 입항 금지 항구였다. 프랑스 해군 22명이 이를 모르고 상륙하자 도사한土佐藩에서는 군사를 출동시켜 그들을 내몰았다.

그런데 프랑스 해군 중 한 명이 거리 모퉁이에 세워져 있던 도사한의 군기를 빼앗아 들고 보트 쪽으로 뛰어갔다. 이에 일본 측은 일제 사격을 가해 사살 두 명, 익사 일곱 명, 부상자 다수가 발생했다.

이 사건은 외교문제로 비화되었는데 마침 일본 측은 막부 정권이 무너진 직후의 새 정부라 외교적 힘이 없었다. 결국 프랑스는 일본 측에게 20명 전원을 사형집행시키되 프랑스 측 입회하에 하도록 강경히 요구했다.

도사한에선 이에 응하기로 결정했다. 현장에 참여했던 사무라이들은 묘고쿠지妙國寺 광장에 사체 넣을 독 20개를 갖다놓고 프랑스 대사와 해군이 지켜보는 가운데 할복자결극을 벌였다.

먼저 상투를 풀어버린 사무라이 한 명이 단도로 배를 가른 뒤 폭포같이 쏟아져나오는 피 속에 손을 집어넣어 대장을 끊어서 프랑스 측에 내던지려고 하자 개차인介錯人이 얼른 그의 목을 쳐버렸다. 11명째의 할복이 끝난 광장은 피바다를 이루었고 피냄새가 진동했다.

그 처참한 광경에 사색이 된 프랑스 전권 대사는 손을 들어 할복 중지를 요청해 아홉 명은 목숨을 건질 수 있었다. 이것을 일본 측에서는 '사카이'사건이라 부른다.

사카이
일찍부터 개발된 도시로 무로마치 시대室町時代 1336~1573에는 일본의 막부幕府정치, 즉 봉건적인 무인武人정치가 정착되어 가는 과정에서 자치적인 자유도시를 형성하여 대명對明·대對유럽주로 포르투갈·에스파냐 무역으로 크게 번영했던 특이한 역사를 지닌 도시이다. 그후 무인정권의 교체 및 쇄국정책의 실시 등으로 그 세력이 크게 꺾였으나 메이지明治시대에 들어서자 칼·융단·총기·양조 등의 전통공업 외에 섬유·금속·기계·화학 등 근대공업이 일어나 공업도시가 되었다. 제2차 세계대전 후에는 항만 일대의 바다를 매립하여 철강·조선·석유화학·전력 등의 콤비나트를 이루어, 한신阪神공업지대의 중심지가 되었다. 동부지대에는 일본 최대의 전방후원분前方後圓墳 등 옛 천황릉天皇陵과 유서 깊은 절·신사神社 등이 많으며, 고고자료관·박물관 등 학술문화시설이 있다.

전쟁과 무기

U보트의 공동묘지

 영국의 '포-웰' 박사 그룹이 개발한 파장 10센티미터의 초단파 레이더를 1943년부터 항공기에 탑재하기 시작하면서 U보트의 시련이 시작되었다. 뿐만 아니라 미국의 포뢰투하용 '카타리나' 비행정의 대량 투입, 구축함에 설치되기 시작한 수중음파탐지기 '액티브 소나'의 성능에다 단 한 방에 24발의 소형폭탄이 동시에 날아가 그중 한 발이 터지면 나머지 폭탄이 모조리 터지는 '헤지호그' 폭탄의 등장으로 U보트가 격침되는 숫자는 늘어났다. U보트는 할 수 없이 수송선을 단거리에서 공격하던 전법을 원거리에서 공격하는 것으로 바꾸었지만 명중률이 떨어지기 시작하면서 오랫동안 U보트의 황금어장이었던 대서양은 U보트의 공동묘지로 바뀌어갔다.

 1943년 10월 데니츠는 급기야 'U보트의 조직적인 작전중단 명령'을 내림으로써 승리의 여신은 연합국 측을 미소 짓게 했다.